One-Dimensional Man

Studies in the Ideology of Advanced Industrial Society

Herbert Marcuse

上海译文出版社

单向度的人

发达工业社会意识形态研究

[美] 赫伯特·马尔库塞 著
刘继 译

单向度的人

目录

致　　谢

我的夫人对本书的观点至少负有部分责任。我对她表示无限的感激。

我的朋友小巴林顿·穆尔通过他的批评性意见给了我很大帮助；在长达数年的讨论中，他促使我去澄清我的思想。

罗伯特·S·科恩、阿诺·J·迈耶、汉斯·J·迈尔霍夫和戴维·奥伯，在不同阶段阅读了我的手稿并提供了有价值的建议。

美国学术委员会、路易斯·M·拉比诺维茨基金会、洛克菲勒基金会和社会科学研究会，给我以惠助；他们的惠助大大促进了本书的完成。

导　言

批判的停顿：没有反对派的社会

能够毁灭人类的核灾难的威胁，不也能够保护使核灾难的危险永恒化的那些势力吗？防止这一灾难的种种努力掩盖了对它在当代工业社会中的潜在原因的探究。这些原因还没有被公众所认识、揭露、抨击，因为公众在一切来自外部的即东方对西方、西方对东方的极其明显的威胁面前退却了。同样明显的是，必须进行战争准备，必须生活在战争的边缘，必须面对挑战。我们不得不和平地生产毁灭的工具、不得不极度地浪费、不得不接受防卫训练，这种防卫使防卫者和他们所防卫的东西成为畸形。

如果我们试图把这一危险的原因同社会的组织方式和社会组织其成员的方式联系起来，那么我们就会立即面临这样一个事实，即发达工业社会在使这种危险永恒化的同时，变得更加富裕、更加庞大、更加美好。社会的防卫结构使为数越来越多的人生活得更加舒适，并扩大了人对自然的控制。在这些情况下，我们的大众传播工具把特殊利益作为所有正常人的利益来兜售几乎没有什么困难。社会的政治需要变成个人的需要和愿望，它们的满足刺激着商业和公共福利事业，而所有这些似乎都是理性的具体体现。

然而，这个社会作为总体却是非理性的。它的生产率对于人的需要和才能的自由发展是破坏性的，它的和平要由经常的战争威胁来维持，它的发展取决于对各种平息(个人的、国家的、国际间的)生存竞争的实际可能性的压抑。这种压抑不同于在我们的社会之前的较不发达阶段的压抑；它今天不是由于自然的和技术的不成熟状况而起作用，而是依靠实力地位起作用。当代社会的力量(智力的和物质的)比以往大得无可估量——这意味着社会对个人统治的范围也比以往大得无可估量。我们社会的突出之处是，在压倒一切的效率和日益提高的生活水准这双重的基础上，利用技术而不是恐怖去压服那些离心的社会力量。

研究这些发展的根源，考察它们的种种历史替代性选择，是当代社会批判理论的目的之一。这一理论根据社会已被利用的、尚未被利用的或被滥用的改善人类条件的能力来分析社会。但是，这样一种批判的标准是什么呢?

价值判断肯定起着作用。已确立的组织社会的方式是相对于其他可能的方式而得到评价的，也即是说，是相对于那些被认为对缓解人的生存竞争提供了较好机会的方式而得到评价的；一种特定的历史实践是相对于它自己的各种历史的替代性选择而得到评价的。因此，从一开始，任何社会批判理论都会遇到一个历史客观性的问题；这个问题产生于两点，而对这两点的分析都暗含着下述价值判断：

1. 人类生活是值得过的，或者可能是和应当是值得过的。这个判断是一切理智努力的基础；它是社会理论的前提，否定它(这是完全合乎逻辑的)就是否定理论本身；

2. 在一个既定的社会中，存在着种种改善人类生活的特殊可能性以及实现这些可能性的特殊方式和手段。批判的分析必须证明这些判断的客观有效性，而这种证明又必须在经验基础上来进行。已确立的社会，有一定数量和质量的智力资源和物力资源可供利用。这些资源怎样才能被用来最理想地发展和满足个人的需要和才能，并把辛劳和痛苦降低到最小的限度呢？社会理论是历史的理论；而历史是必然王国中的偶然王国。因此，在组织和利用那些可用资源的各种可能方式和实际方式中间，哪些为最佳发展提供着最大的机会呢？

回答这些问题要求一系列初始的抽象。为了辨明和确定一种最佳发展的各种可能性，批判理论必须从对社会资源的实际组织和利用中，从这种组织和利用的结果中来进行抽象。这样的抽象拒绝把事实的给定领域当作有效性的最后根据，而对事实的这种“超越”性分析，是按照它们被阻碍和被否定的可能性来进行的，因此，这样的抽象和分析适合于社会理论的结构本身。它由于“超越”[1]的严格的历史性而与所有的形而上学相对立。上述“可能性”必须处在各个社会力所能及的范围之内；它们必须是实践的可以确定的目标。同理，从已确立的制度中进行抽象必须是对一种实际倾向的表达——这就是说，制度的改变必须是作为根基的民众的实际需要。社会理论涉及这样的历史替代性选择，这些替代性选择常常作为颠覆性的趋势和力量出没于已确立的社会。当它们由于历史实践而被变成现实的时候，它们的价值就变成了事实。那些理论概念则随社会变化而告终。

但是，在这里，发达工业社会却使批判面临一种被剥夺基础的状况。技术的进步扩展到整个统治和协调制度，创造出种种生活(和权力)形式，这些生活形式似乎调和着反对这一制度的各种势力，并击败和拒斥以摆脱劳役和统治、获得自由的历史前景的名义而提出的所有抗议。当代社会似乎有能力遏制社会变化——将确立根本不同的制度、确立生产发展的新方向和人类生存的新方式的质变。这种遏制社会变化的能力或许是发达工业社会最为突出的成就；在强大的国家范围内，大多数人对民族目标和由两党支持的政策的接受，多元主义的衰落，企业和劳工

[1] “超越”和“超越性”这两个术语始终是在经验的、批判的意义上加以使用的。它们表明理论和实践中这样的倾向，这些倾向在既定的社会中超出已确立的思想和行动的范围，而趋向于它的历史的替代性选择(现实的可能性)。

组织的沟通，都证明了对立面的一体化，这种一体化既是发达工业社会取得成就的结果，又是其取得成就的前提。

把工业社会理论的形成阶段和它目前的情况作一个简要的比较，也许有助于表明批判的基础是怎样被变更的。在19世纪上半叶它刚刚起源并制定出一些历史替代性选择的最初概念时，工业社会的批判在理论与实践、价值与事实、需要与目的之间的历史调和中得到了具体实现。这种历史调和存在于社会上相互对立的两大阶级——无产阶级和资产阶级——的意识和政治行动中。在资本主义世界，这两大阶级仍是基本的阶级。然而，资本主义的发展已经改变了这两大阶级的结构和功能，使他们不再成为历史变革的动因。维持和改善现制度这个凌驾于一切之上的利益，在当代社会最发达的地区把先前的敌手联合起来了。技术的进步在多大程度上保证着共产主义社会的发展和吸引力，质变的概念就以多大的程度在一种非爆炸性发展的现实主义主张面前退却。由于缺乏社会变革的明显动因和代理者，批判又回到了高度抽象的水平。这里没有理论与实践、思想与行动相统一的基础。甚至对历史替代性选择的极其经验主义的分析看起来也是一种不现实的思辨；对它们的赞成与否则是一种个人(或集团)爱好的问题。

那么，这种缺乏是否驳倒了批判理论？ 面对明显矛盾的事实，批判的分析仍然坚持认为质变的需要像以前一样迫切。谁需要质变呢？回答还是一样：整个社会，因为它的每一个成员都需要。增长着的生产力和增长着的破坏性的统一；毁灭的外交冒险政策；思想、希望、畏惧对现政权所作决定的屈从；前所未有的富裕中保留着的痛苦，这一切都构成了最为公正的控诉——即使它们不是这种社会存在的根据而只是它的副产品：它那在广阔范围内促进了效率和进步的合理性，其自身就是不合理的。

绝大多数人接受和被迫接受这个社会，并不能减少这个社会的不合理性，使它少受指责。真意识与假意识的区别、真实利益与眼前利益的区别仍然是有意义的。当然，这种区别本身必须是有效的。人们必须看到这种区别，并找到从假意识到真意识、从眼前利益到真实利益的道路。人们只有生活在这样的需要中才能做到这一点，即改变他们的生活方式的需要、否定那种肯定的东西并对之加以拒绝的需要。而已确立的社会设法要压抑的正是这种需要，它能够在多大程度上以不断扩大的规模"履行诺言"，它就能够在多大程度上把科学地征服自然用于科学地征服人。

面对发达工业社会成就的总体性，批判理论失去了超越这一社会的理论基础。这一空白使理论结构自身也变得空虚起来。因为批判理论的范畴是在这样的时期得到发展的，在这个时期，拒绝和颠覆的需要体现在有效的社会力量的行动之中。批判理论的范畴实质上是一些用来规定19世纪欧洲社会实际矛盾的否定概念和反对概念。"社会"这一范畴本身曾表示社会地位和政治地位的尖锐冲突，社会是一种与国家对抗的东西。同样，"个人"、"阶级"、"私人"、"家庭"曾经是指还没与已确立的生活条件一体化的那些领域和力量——紧张和矛盾的领域。随着工业社会日益发展的一体化，这些范畴正在丧失它们的批判性涵义，而趋于变成描述性、欺骗性或操作性的术语。

那种想重新获得这些范畴的批判性内容并理解这一内容如何为社会现实所抹掉的企图，似乎一开始就是一种倒退，即从参与历史实践的理论向抽象思辨倒退：从政治经济学的批判向哲学倒退。批判的这种意识形态特征导源于下列事实：它的分析是站在"超乎"社会中肯定的和否定的、建设性的和毁灭性的东西的立场上勉强进行的。当代工业社会是这些对立面的普遍同一——这是一个成问题的总体。同时，理论的立场不可能是纯思辨的立场。就它必须以既定社会的能力为基础而言，它必定是历史的立场。

这种含糊不清的情况包含着一种甚至更为根本的含糊性。《单向度的人》将始终在两种矛盾的假设之间摇摆不定：(1) 对可以预见的未来来说，发达工业社会能够遏制质变；(2) 存在着能够打破这种遏制并推翻这一社会的力量和趋势。我并不认为能够作出一个明确的回答。两种趋势一起存在着，甚至一种趋势就存在于另一种趋势中。第一种趋势是主要的，并且任何可能存在的推翻这一趋势的先决条件都正被用来阻止它。或许，一个偶然的事件可以改变这种情况，但除非是对做什么和不做什么的认识扭转了原来的意识和人的行为，否则即使是一场大动乱也不会带来这种变化。

分析的焦点是发达工业社会。在发达的工业社会中，生产和分配的技术装备由于日益增加的自动化因素，不是作为脱离其社会影响和政治影响的单纯工具的总和，而是作为一个系统来发挥作用的。这个系统不仅先验地决定着装备的产品，而且决定着为产品服务和扩大产品的实施过程。在这一社会中，生产装备趋向于变成极权性的，它不仅决定着社会需要的职业、技能和态度，而且还决定着个人的需要和愿望。因此，它消除了私人与公众之间、个人需要与社会需要之间的对立。对现存制度来说，技术成了社会控制和社会团结的新的、更有效的、更令人愉快的形式。这些控制的极权主义倾向看起来还在另外的意义上维护着自己：把自己扩展到世界较不发达地区甚至前工业化地区，并造成资本主义发展与共产主义发展之间的某些相似性。

面对这个社会的极权主义特征，技术"中立性"的传统概念不再能够得以维持。技术本身不能独立于对它的使用；这种技术社会是一个统治系统，这个系统在技术的概念和结构中已经起着作用。

一个社会用以组织其成员生活的方式，涉及在由物质文化和精神文化的固有水平所决定的种种历史替代性选择之间进行一种初始选择的问题。这种选择本身是占支配地位的利益发生作用的结果。它预定了改变和利用人以及自然的特殊方式并排斥其他的方式。它是在他者中自我实现的一种"谋划"。[1]但是，一旦这种谋划在基本制度和基本关系中得

[1] "谋划"(project)一词强调在历史决定中自由和责任的因素：它把自主性和偶然事件联系起来。让-保罗·萨特在他的著作中正是在这个意义上使用这个词的。

以实现，它就趋向于变成排他性的，并决定着整个社会的发展。作为一个技术世界，发达工业社会是一个*政治的*世界，是实现一项特殊历史谋划的最后阶段，即在这一阶段上，对自然的实验、改造和组织都仅仅作为统治的材料。

随着这项“谋划”的展现，它就形成为话语和行为、精神文化和物质文化的整个范围。在技术的媒介作用中，文化、政治和经济都并入了一种无所不在的制度，这一制度吞没或拒斥所有历史替代性选择。这一制度的生产效率和增长潜力稳定了社会，并把技术进步包容在统治的框架内。技术的合理性已经变成政治的合理性。

在讨论发达工业社会这些为人熟知的趋势时，我很少注明具体的参考文献。本书的材料是大量社会学和心理学文献所收集和叙述过的，这些文献论述了技术、社会变化、科学管理、合作企业、工业劳动的性质和劳动力方面的变化问题。有许多对事实进行非意识形态分析的作品，诸如伯利和米恩斯的《现代公有财产和私有财产》；第 76 届国会国民经济临时委员会关于《经济力量的集中》的报告；美国劳联-产联关于《自动化和主要技术变化》的各种出版物；此外还有在底特律的《新闻与通讯》与《通讯》杂志。我想强调一下 C · 赖特 · 米尔斯著作的根本重要性，强调一下人们往往因其简单化、过甚其词或新闻式文字而对之表示不满的那些文章的根本重要性：万斯 · 帕卡德的《隐藏着的说客》、《想往上爬的人》、《制造浪费的人》；威廉 · H · 怀特的《驯顺的职员》；弗雷德 · J · 库克的《战争国家》，都属这一类型。诚然，这些作品由于缺乏理论分析而使所描述状况的根源被掩盖和保护起来，不过所描述状况的根源是不言而喻的，这些状况足够说明问题了。或许大多数有力证据都可以通过下述办法来获得，即在几天之内连续收看电视或收听调频收音机一小时，不用中断广告节目，不时调换一下频道即可。

我的分析集中于当代最高度发达的那些社会。在这些社会内外还有许多地区并没有流行上面所描绘的趋势——我要说，尚没有流行。我是在设想这些趋势并提供一些假设，仅此而已。

单向度的社会

第一章

控制的新形式

一种舒舒服服、平平稳稳、合理而又民主的不自由在发达的工业文明中流行，这是技术进步的标志。说实在的，下述情况是再合理不过的了：个性在社会必需的但却令人厌烦的机械化劳动过程中受到压制；个体企业集中为更有效、生产效率更高的大公司；对设备不平衡的经济单位间的自由竞争加以调节；削减对组织国际资源起阻碍作用的各种特权和国家主权。这种技术秩序还包含着政治上和知识上的协调，这是一种可悲而又有前途的发展。

权利和自由在工业社会的形成时期和早期阶段曾是十分关键的因素，但现在它们却正在丧失其传统的理论基础和内容而服从于这个社会的更高阶段。思想、言论和信仰的自由，正如它们曾经促进和保护的自由企业一样，本质上是一些批判性的观念，是更有生产效率和更合理的物质文化和精神文化用以取代已过时的文化的观念。这些权利和自由一经制度化，便成了这个社会的一个组成部分，并与这个社会共命运。成就取消了前提。

免于匮乏的自由是一切自由的具体实质。随着这种自由逐渐增大其成为现实的可能性，属于较低生产率阶段的各种自由相应地失去其先前的内容。当一个社会按照它自己的组织方式，似乎越来越能满足个人的需要时，独立思考、意志自由和政治反对权的基本的批判功能就逐渐被剥夺。这样一个社会可以正当地要求接受它的原则和制度，并把政治上的反对降低为在维持现状的范围内商讨和促进替代性政策的选择。在这方面，由某种极权主义制度还是由某种非极权主义制度来满足需要，似乎是无关紧要的。在生活水准不断提高的条件下，对制度本身采取不顺从态度，看来对社会是毫无助益的；当它给社会带来明显的经济和政治的不利并威胁到整个社会的顺利运转时，就更是如此。的确，至少就生活必需品而言，我们似乎没有理由一定要通过个人自由的竞争性协作来生产和分配商品和服务设施。

企业活动的自由一开始就不完全是一件幸事。不是工作的自由就是挨饿的自由，它给绝大多数人带来了艰辛、不安和焦虑。假如个人不再作为一个自由的经济主体被迫在市场上出售他自身，那么，这种自由的消失将是文明的最大成就之一。机械化和标准化的工艺程序可能使个人的精力释放到一个未知的、超越需要的自由领域。人类生存的结构本身就会改变；个人将从劳动世界强加给他的那些异己的需要和异己的可能性中解放出来。这时，个人将会自由地支配他自己的生活。如果生产机构能够组织起来，并致力于满足生命攸关的需要，那么，它的控制还是充分地集中起来为好；这种控制并不妨碍个人的意志自由，反而会使它成为可能。

这是发达工业文明有可能达到的目标，也是技术合理化的"目的"。但实际上在发生作用的却是相反的趋势：国家机器把其防务和扩张的经济、政治需要强加在劳动时间和自由时间上，强加在物质文化和精神文化上。当代工业社会，由于其组织技术基础的方式，势必成为极权主义。因为，"极权主义"不仅是社会的一种恐怖的政治协作，而且也是一种非恐怖的经济技术协作，后者是通过既得利益者对各种需要的操纵发生作用的。当代工业社会由此而阻止了有效地反对社会整体的局面出现。不仅某种形式的政府或党派统治会造成极权主义，就是某些特定的生产与分配制度也会造成极权主义，尽管后者很可能与党派、报纸的“多元论”以及“对等权力牵制”等等相一致。[1]

今天，政治权力的运用突出地表现为它对机器生产程序和国家机构技术组织的操纵。发达工业社会和发展中工业社会的政府，只有当它们能够成功地动员、组织和利用工业文明现有的技术、科学和机械生产率时，才能维持并巩固自己。这种生产率动员起整个社会，超越和凌驾于任何特定的个人和集团利益之上。机器在物质上的(仅仅是物质上的?)威力超过个人的以及任何特定群体的体力这一无情的事实，使得机器成为任何以机器生产程序为基本结构的社会的最有效的政治工具。但是，政治趋势是可以逆转的；机器的能力实质上是人的能力的积累和表现。工作世界在什么程度上被理解为一架机器并依此而被加以机械化，它就在什么程度上成为人的新的自由的潜在基础。

当代工业文明表明，它已经达到了这样一个阶段：“自由社会”已经不再能够用经济自由、政治自由和思想自由这样一些传统概念来说明。这不是因为这些自由已微不足道，而是因为它们过分重要以致超越了传统模式。因此，需要有符合新的社会能力的新的表述方式。

这些新的方式只能用否定的字眼来加以表达，因为它们实际上是对现行方式的否定。经济自由因而意味着摆脱经济的自由——摆脱经济力量和经济关系的控制；意味着免于日常的生存斗争、免于谋生的自由。政治自由意味着个人从他们无法有效控制的政治中解放出来。同样，思想自由意味着恢复被宣传工具和思想灌输所同化了的个人思想，意味着把“社会舆论”连同其制造者一起取消。这些主张之所以听起来不现实，并不表示它们具有乌托邦的性质，而是说明阻碍它们实现的力量相当强大。反对解放的最有效、最持久的斗争形式，是灌输那些使生存斗争的过时形式永恒化的物质需要和精神需要。

人类的需求，除生物性的需求外，其强度、满足程度乃至特征，总是受先决条件制约的。对某种事情是做还是不做，是赞赏还是破坏，是

---

[1] 参见本书第 41 页。

拥有还是拒斥，其可能性是否会成为一种需要，都取决于这样做对现行的社会制度和利益是否可取和必要。在这个意义上，人类的需要是历史性的需要。社会要求个人在多大程度上作抑制性的发展，个人的需要本身及满足这种需要的权利就在多大程度上服从于凌驾其上的批判标准。

我们可以把真实的需要与虚假的需要加以区别。为了特定的社会利益而从外部强加在个人身上的那些需要，使艰辛、侵略、痛苦和非正义永恒化的需要，是“虚假的”需要。满足这种需要或许会使个人感到十分高兴，但如果这样的幸福会妨碍(他自己和旁人)认识整个社会的病态并把握医治弊病的时机这一才能的发展的话，它就不是必须维护和保障的。因而结果是不幸之中的欣慰。现行的大多数需要，诸如休息、娱乐、按广告宣传来处世和消费、爱和恨别人之所爱和所恨，都属于虚假的需要这一范畴之列。

这样的需要具有社会的内容和功能，它们取决于个人所无法控制的外力；这些需要的发展和满足是受外界支配的。无论这些需要有多少可能变成个人自己的需要，并由他的生存条件所重复和增强；无论个人怎样与这些需要相一致并感觉到自己从中得到满足，这些需要始终还是它们从一开始就是的那样——要求压制的势力占统治地位的社会的产物。

抑制性需要的流行是一个既成的事实，是人们在无知和失望中所接受的事实，同时也是为了个人幸福、为了所有以痛苦为其满足代价的人的利益而必须加以消除的事实。只有那些无条件地要求满足的需要，才是生命攸关的需要——即在可达到的物质水平上的衣、食、住。对这些需要的满足，是实现包括粗俗需要和高尚需要在内的一切需要的先决条件。

对于任何意识和良心，对于任何不把流行的社会利益作为思想和行为的最高准则的经验，已确立的各种需要和满足都应以它是真实的还是虚假的这一尺度来加以检验。这些尺度完全是历史性的，它们的客观性也是历史性的。在一定条件下，对各种需要及其满足的评价涉及一些具有优先地位的标准，这些标准指的是最充分地利用人类现有的物质资源和智力资源，使个人和所有个人得到最充分的发展。这些资源是可以计算的。需要的“真实”与“虚假”在下述意义上指明各种客观条件：根本需要的普遍满足和辛劳、贫困的逐渐减轻成为普遍有效的标准。但是，作为历史的标准，它们不仅因地区和发展阶段而异，并且只能在同现行标准(或多或少)相矛盾的意义上来加以说明。那么，什么样的法庭可以自称拥有决定性的权威呢?

归根到底，什么是真实的需要和虚假的需要这一问题必须由一切个人自己来回答，但只是归根到底才是这样；也就是说，如果并当他们确能给自己提供答案的话。只要他们仍处于不能自治的状态，只要他们接受灌输和操纵(直到成为他们的本能)，他们对这一问题的回答就不能认为是他们自己的。同样，没有任何法庭能正当地自认有权来决定哪些需要应该发展和满足。任何这样的法庭都是应该受到指责的，尽管我们强烈地坚持这一看法并不排除下述问题：人们自己既然已经是颇有成效的统治的对象，又怎能创造自由的条件呢?[1]

抑制性的社会管理愈是合理、愈是有效、愈是技术性强、愈是全面，受管理的个人用以打破奴隶状态并获得自由的手段与方法就愈是不可想像。的确，把理性强加于整个社会是一种荒谬而又有害的观念，但嘲笑这种观念的社会却把它自己的成员变成全面管理的对象，这样做的正当性是大可怀疑的。一切解放都有赖于对奴役状态的觉悟，而这种觉悟的出现却往往被占主导地位的需要和满足所阻碍，这些需要和满足在很大程度上已成为个人自己的需要和满足。发展的过程往往是用另一种制度取代预定的制度；而最可取的目标则是用真实的需要代替虚假的需要，抛弃抑制性的满足。

发达工业社会的显著特征是它有效地窒息那些要求自由的需要，即要求从尚可忍受的、有好处的和舒适的情况中摆脱出来的需要，同时它

---

[1] 参见本书第 34 页。

容忍和宽恕富裕社会的破坏力量和抑制功能。在这里，社会控制所强求的正是对于过度的生产和消费的压倒一切的需要；对于实际上已不再必要的使人麻木的工作的需要；对于抚慰和延长这一麻木不仁状态的缓和方式的需要；对于维持欺骗性自由的需要，这些自由是垄断价格中的自由竞争，审查制度下的自由出版，以及商标和圈套之间的自由选择。

在抑制性总体的统治之下，自由可以成为一个强有力的统治工具。决定人类自由程度的决定性因素，不是可供个人选择的范围，而是个人能够选择的是什么和实际选择的是什么。自由选择的准绳绝不可能是绝对的，但也不完全是相对的。自由选择主人并没有使主人和奴隶归于消失。如果商品和服务设施维护对艰辛和恐惧的生活所进行的社会控制的话，就是说，如果它们维护异化的话，那么，在大量的商品和服务设施中所进行的自由选择就并不意味着自由。何况个人自发地重复所强加的需要并不说明他的意志自由，而只能证明控制的有效性。

我们对控制的深度和有效性的看法会招致这样一种异议，即认为我们过高地估计了"新闻媒介"的灌输力量，认为人们自己会发现和满足如今强加在他们身上的种种需要。这种异议忽略了问题的要害所在。我们的前提并不是从收音机和电视机的大量生产出发的，也不是从集中对它们加以控制出发的。人们早就已经适应于这种控制的接收器。决定性的差别在于把已有的和可能的、已满足和未满足的需要之间的对立(或冲突)消去。在这里，所谓阶级差别的平等化显示出它的意识形态功能。如果工人和他的老板享受同样的电视节目并漫游同样的游乐胜地，如果打字员打扮得同她雇主的女儿一样漂亮，如果黑人也拥有凯迪拉克牌高级轿车，如果他们阅读同样的报纸，这种相似并不表明阶级的消失，而是表明现存制度下的各种人在多大程度上分享着用以维持这种制度的需要和满足。

诚然，在当代社会最高度发达的地区，把社会需要移植成个人的需要是如此地有效，以致它们之间的差别似乎纯粹是理论上的事情。人们当真能对作为新闻与娱乐的工具和作为灌输与操纵力量的大众传播媒介作出区分吗？当真能对制造公害的汽车和提供方便的汽车作出区分吗？当真能对实用建筑的恐怖与舒适作出区分吗？当真能对为保卫国防和为公司营利的手段作出区分吗？当真能对提高生育率方面私人的乐趣和商业上、政治上的功用作出区分吗？

我们又一次面对发达工业文明的一个最令人烦恼的方面，即它的不合理中的合理性。它的生产率和效能，它的增长和扩大舒适生活品的潜力，它的把浪费变为需要、把破坏变为建设的能力，这都表明现代文明使客观世界转变为人的精神和肉体达到了什么样的程度。异化概念本身因而成了问题。人们似乎是为商品而生活。小轿车、高清晰度的传真装置、错层式家庭住宅以及厨房设备成了人们生活的灵魂。把个人束缚于社会的机制已经改变，而社会控制就是在它所产生的新的需要中得以稳定的。

社会控制的现行形式在新的意义上是技术的形式。不错，在整个近代，具有生产性和破坏性的国家机器的技术结构及效率，一直是使人们服从已确立的社会分工的主要手段。而且，这种结合往往伴随着更为明显的强制形式：生计的丧失，法庭、警察、武装力量的管辖。情况现在依然如此。但是在当代，技术的控制看来真正体现了有益于整个社会集团和社会利益的理性，以致一切矛盾似乎都是不合理的，一切对抗似乎都是不可能的。

毫不奇怪，在工业文明的最发达地区，社会控制已被潜化到这样的地步，甚至连个人的抗议在根本上也受到影响。拒绝“随大流”的思想情绪显得是神经过敏和软弱无力的。这就是下述政治事件在社会心理上的反映：在工业社会前一阶段似乎代表新的生存方式之可能性的那些历史力量正在消失。

但“潜化”一词或许不再说明个人是以什么方式自动重复社会所施加的外部控制并使之永恒化的。潜化使人联想到自我把“外部的”移置为“内部的”那一整套相对自动的过程。因此，潜化意味着存在一种区别于甚至敌对于外部要求的内心向度，即能把公众舆论和行为撇在一边的个人意识和无意识。[1]“内心自由”的观念在这里有它的现实性，它指的是人们可以借以变成和保存“他自己”的私人空间。

今天，这一私人空间已被技术现实所侵占和削弱。大量生产和大量分配占据个人的全部身心，工业心理学已不再局限于工厂的范围。在几乎机械式的反应中，潜化的各种不同过程都好像僵化了。结果，不是调整而是模仿：即个人同他的社会、进而同整个社会所达到的直接的一致化。

这种直接的、自动化的一致化过程(它也许曾经是原始协作形式的特征)再现在高度的工业文明之中；但这种新的“直接性”是高级的、科学的管理和组织的产物。在此过程中，反对现状的思想能够深植于其中的“内心”向度被削弱了。这种内心向度本是否定性思考的力量也即理性的批判力量的家园，它的丧失是发达工业社会压制和调和对立面的物质过程在思想意识上的反应。进步的冲击使理性屈从于现实生活，屈从于产生出更多和更大的同类现实生活的强大能力。制度的效率使个人的认识迟钝，使他对不表达整体之压制力量的事实视而不见。如果人们发现自己身处构成其生活的那些事物之中，那是他们接受而不是创造了事物的规律的结果，不过这一规律并非物理规律，而是社会规律。

我刚才提到，当个人认为自己同强加于他们身上的存在相一致并从中得到自己的发展和满足时，异化的观念好像就成问题了。这种一致化的过程并非虚构而确是现实。然而这种现实又构成了异化的更高阶段。后者已经完全变成客观的事实；异化了的主体被其异化了的存在所吞没。这里存在的只是一种向度，而且它无处不在、形式多样。进步的成就蔑视思想意识的控诉和判决，在它们的法庭面前，它们的合理性的

---

[1] 家庭在职能上的变化在这里起着决定性的作用：它的“社会化”的职能日益被外部集团和传播媒介所取代。参见我的《爱欲与文明》(波士顿，灯塔出版社，1955年)，第96页以后。

“虚假意识”变成了真实的意识。

但是，把思想意识吸收到现实之中，并不表明“思想意识的终结”。相反，在特定意义上，发达的工业文化较之它的前身是*更为*意识形态性的，因为今天的意识形态就包含在生产过程本身之中。[1]以某种富有争议的形式，该命题揭示出现行技术合理性的政治成分。生产机构及其所生产的商品和服务设施“出售”或强加给人们的是整个社会制度。公共运输和通讯工具，衣、食、住的各种商品，令人着迷的新闻娱乐产品，这一切带来的都是固定的态度和习惯，以及使消费者比较愉快地与生产者、进而与社会整体相联结的思想和情绪上的反应。在这一过程中，产品起着思想灌输和操纵的作用；它们引起一种虚假的难以看出其为谬误的意识。然而，由于更多的社会阶级中的更多的个人能够得到这些给人以好处的产品，因而它们所进行的思想灌输便不再是宣传，而变成了一种生活方式。这是一种好的生活方式，一种比以前好得多的生活方式；但作为一种好的生活方式，它阻碍着质的变化。由此便出现了一种*单向度的思想和行为*模式，在这一模式中，凡是其内容超越了已确立的话语和行为领域的观念、愿望和目标，不是受到排斥就是沦入已确立的话语和行为领域。它们是由既定制度的合理性及其量的延伸的合理性来重新定义的。

这种趋势可能与科学方法即物理学中的操作主义和社会科学中的行为主义的发展有关。其共同的特征是处理概念时的总的经验主义；这些概念的意义被局限在对特定的操作和行为的描述上。P · W · 布里奇曼关于长度概念的分析是对操作主义观点的很好的说明：[2]

---

[1] T · W · 阿多诺：《三棱镜：文化批判和社会》(法兰克福，祖尔坎普出版社，1955 年)，第 24 页以后。

[2] P · W · 布里奇曼：《现代物理学的逻辑》(纽约，麦克米伦出版公司，1928 年)，第 5 页。操作主义原则自那以后就被制定和确立了下来。布里奇曼本人曾把“操作”的概念扩大到包括理论家的“纸和笔”的操作在内(P · J · 弗兰克：《科学理论的证实》，波士顿，灯塔出版社，1954 年，第 2 章)。这时的主要论点仍然一样：纸与笔的操作“能够与工具操作发生可能的、也许是间接的接触”，而这是“可取的”。

> 如果我们能够说明任一物体的长度，那么，我们显然知道我们所谓的长度是什么意思，对物理学家而言，没有必要作更多的解释。要确定一个东西的长度，我们必须进行某种物理操作。当测量长度的操作完成后，长度的概念也就确定了，就是说，长度的概念正好意味着、也仅仅意味着确定长度的一整套操作。总之，我们所说的任何概念其意思就是一整套操作；**概念等同于一套相应的操作。**

布里奇曼已经看到这一思想方法对整个社会的广泛影响：[1]

> 采用操作主义观点的意义远不止于对“概念”意义的理解，而是意味着我们整个思想习惯的深刻变化，意味着我们不再容许在思想概念里把我们不能用操作来充分说明的东西当作工具来使用。

布里奇曼的预言已经成为事实。这种新的思想方式在今天是哲学、心理学、社会学及其他领域里占统治地位的趋势。许多最令人困惑的概念由于不能用操作或行为给予充分说明而正在被“排除”。激进经验主义的猛烈攻击(我将在第七、第八两章里考察其自称为经验主义的理由)，就这样为知识界对理智的反驳提供了一种方法论的辩护。这就是实证主义所起的作用，它否定理性的超越因素，因而是社会所需要的行为在学术上的对应物。

在学术范围之外，“我们所有的思想习惯中的深刻变化”就更为严重。这些变化有助于使思想和目标同现行制度的要求相协调，有助于把它们包容于制度之内，有助于拒斥那些与制度格格不入的东西。但这样一种单向度现实的统治，并不意味着唯物主义起支配作用，也不意味着精神的、形而上学的和狂放不羁的市场消失殆尽。恰恰相反，“这星期

[1] P·W·布里奇曼：《现代物理学的逻辑》，第 31 页。

一起去做礼拜”、“为什么不求求上帝”、禅宗、存在主义和颓废的生活方式等等大量地存在。不过，这些抗议和越轨的方式不再同现状相矛盾，不再是否定的。毋宁说，它们是实际的行为主义的组成部分，是对现状无害的否定，因而它们作为健康的养料之一部分而为现状所迅速地消化。

单向度思想是由政策的制订者及其新闻信息的提供者系统地推进的。它们的论域充满着自我生效的假设，这些被垄断的假设不断重复，最后变成令人昏昏欲睡的定义和命令。譬如，在自由世界里运转或被运转的制度是“自由的”；其他那些超越这一模式的自由方式不是被定义为无政府主义、共产主义，就是被定义为宣传。一切不通过私人企业本身或政府契约来侵占私人企业的形式都是“社会主义的”，诸如普遍的和综合的健康保障，防止自然完全彻底的商品化，以及建立可能损害私人利益的公用事业。这种既成事实的极权主义逻辑在东方也有所反映。在那里，由共产主义制度建立的生活方式是自由的，其他所有超越这一模式的自由方式则是资本主义的、修正主义的或左倾宗派主义的。在这两个阵营中，非操作性观念就是无法付诸实施的、起颠覆作用的观念。思想的运动被停止在表现为理性自身的界限的障碍面前。

当然，思想的这种界限并不是新的。正处于上升阶段的现代理性主义，以其既是思辨的又是经验主义的形式表现了如下鲜明的对比：即一方面用极端批判的激进主义态度对待科学和哲学方法，另一方面又用毫无批判性的无为主义态度对待已确立的、正在发挥作用的社会制度。于是，笛卡儿的“我思”便对“伟大的公众团体”置之不理，而霍布斯也主张“现存的应当永远是可取的、被维护的和最好的”。康德则同意洛克的观点，认为革命是正当的，*如果并当*革命能成功地把整体组织起来并防止颠覆的话。

然而，这些使人感到亲切的理性观念总是为明显的痛苦和“伟大的公众团体”的不公正以及有效的、多少有意的反抗所抵制。引起并允许同已确立状况发生真正分裂的社会条件曾是存在的；某种既是私人的又是政治的向度也曾是存在的，在这个向度里，检验其目标的力量和有效性的游离因素可以发展为有效的对立。

随着这种向度逐渐被社会所封闭，思想的自我限制就显出更重要的意义。科学—哲学的进程和社会进程之间、理论理性和实践理性之间的相互关系，都在科学家和哲学家的“背后”表现了出来。社会禁止各种对立的行动和行为；结果，有关这些行动和行为的概念被说成是虚幻的和无意义的。历史的超越表现为科学和科学思想所不能接受的形而上学超越。操作主义和行为主义观点，作为一种广泛的“思想习惯”，变成为已确立的话语和行为领域、需要和愿望领域的观点。“理性的狡计”正如它往常的所作所为那样，是有利于现存的力量的。于是，关于操作和行为概念的主张转过来反对使思想和行为从既定现实中解放出来的种种努力，反对为了其他那些被压制的可能性而解放思想的种种努力。理论理性和实践理性、学术上的行为主义和社会上的行为主义在共同的基础上汇合了，即在使科学和技术进步成为统治工具的发达社会的基础上汇合了。

“进步”并不是一个中立的术语；它是有特定前进目标的，这些目标是根据改善人类处境的种种可能性来确定的。发达工业社会已接近于这样一个阶段，那时它的继续进步将会要求从根本上破坏现行的进步方向和组织。当物质生产(包括必要的服务设施)的自动化程度达到所有基本的生活需要都能得到满足，而必要劳动时间又降低到最低限度时，这一阶段就到来了。由此出发，技术进步就会超出必需的领域，在这个领域中它曾作为统治和剥削的工具并因而限制了它的合理性。到那时，在为自然和社会的和平而进行的斗争中，技术将服从于使人的才能得以自由发挥的任务。

马克思曾经在他的“废除劳动”的学说中预见到这一阶段。“生存的和平化”这一概念似乎更适宜于指明世界的历史替代性选择，这一世界是在全球战争的边缘发展的，它试图通过国际冲突来改变或暂息已确立社会内的矛盾。在相互对立的需要、欲求和愿望不再由统治和匮乏中的既得利益者来组织(这种组织使人与人、人与自然的破坏性斗争形式永恒化)的条件下，“生存的和平化”意味着人与人和人与自然的斗争的发展。

今天，反对这种历史替代性选择的斗争，在下层人民中有着牢固的群众基础；在严格以既定事实领域为目标的思想和行为中也可以发现为之辩护的意识形态。由科学和技术的成就给予证实，由其不断增长的生产率给予辩护的现状，否定一切超越。面对以技术成就和思想成就为基础而出现的和平的可能性，成熟的工业社会把自己封闭起来反对这种历史的替代性选择。操作主义在理论和实践上变成了遏制的理论和实践。在其显而易见的动态下面，这一社会完全是一个凝固的生活系统：在其强制性的生产率和给人以好处的协调状态中自我推进。对技术进步的遏制与技术向已确立方向的发展连在一起。不管现状所强加的政治束缚如何，技术愈是能够为和平创造条件，人的身心就愈是组织起来反对历史的替代性选择。

工业社会最发达的地区始终如一地表现出两个特点：一是使技术合理性完善化的趋势，一是在已确立的制度内加紧遏制这一趋势的种种努力。发达工业文明的内在矛盾正在于此：其不合理成分存在于其合理性中。这就是它的各种成就的标志。掌握了科学和技术的工业社会之所以组织起来，是为了更有效地统治人和自然，是为了更有效地利用其资源。当这些成功的努力打开了人类实现的新向度时，它就变得不合理了。为了和平的组织不同于为了战争的组织；为生存斗争服务的制度不能为生存和平服务。作为目的的生活本质上不同于作为手段的生活。

这种根本不同的新的生存方式决不能被设想为经济、政治变革的副产品，不能被设想为构成必要前提的新制度的多少带点自发性的效果。质的变化也包含着这一社会赖以建立的技术基础的变化，这一技术基础通过把作为管理的侵略对象的人的“第二本性”固定下来而维护社会的经济政治制度。工业化的技术是政治的技术；由此，它们预先就判断着理性和自由的种种可能性。

诚然，劳动必须先于劳动的减少，工业化必须先于人类需要和满足的发展。但正如一切自由有赖于对异己的必然性的征服一样，自由的实现也有赖于这一征服的*技术*。劳动的最高生产率有可能被用来使劳动永恒化，最有效的工业化也能够为限制和操纵需要而服务。

达到这一点时，在富裕和自由掩盖下的统治就扩展到私人生活和公共生活的一切领域，从而使一切真正的对立一体化，使一切不同的抉择同化。技术的合理性展示出它的政治特性，因为它变成更有效统治的得力工具，并创造出一个真正的极权主义领域，在这个领域中，社会和自然、精神和肉体为保卫这一领域而保持着持久动员的状态。

第二章

政治领域的封闭

总体动员的社会形成于工业文明最发达的地区，它把福利国家和战争国家的特征有效地结合在生产联盟中。与它的各个先行者相比，它的确是一个“新社会”。在这个社会里，传统的麻烦之点不是正被清除，就是正被隔离，引起动乱的因素也得到控制。下面这些主要的趋势都是人所熟知的：在作为促进、支持，有时甚至是控制性的力量的政府干预下，国民经济按照大公司的需要进行集中；这种经济与军事联盟、货币整顿、技术援助和发展规划的世界性体系相协调；蓝领工人和白领工人、企业中的领导和劳工、不同社会阶层的闲暇活动及愿望逐渐同化；学业成绩与国家培养目标之间的预定和谐得到促进；公众舆论的共同性侵入私人事务；私人卧室成为大众传播媒介的渲染对象。

在政治领域内，这种趋势通过对立派别明显的一致或趋同而清楚地显现出来。在国际共产主义的威胁下，外交政策上的两党合作跨越了竞争性的集团利益；两党合作也扩展到国内政策方面，各大党的政纲变得越来越难以分别，甚至在其伪善程度和陈腐气味方面也是如此。对立派别的这种一致取决于社会变化的种种可能性，其中对立派别的一致包容了制度进步所依赖的那些阶层，就是说，包容了其存在曾经表现为整个制度的对立面的那些阶级。

在美国，人们注意到企业和劳工组织的沟通和联盟；在民主制研究中心 1963 年出版的《工人对工人的看法：对话》中，我们了解到：

> 从工会自身的角度看，所发生的事情是工会已变得几乎与公司没啥区别可言。我们看到，今天的工会和公司都参与了院外游说活动。当工会和公司都在尽力为更大的导弹合同而四处奔走并试图把其他国防工业也拉入这一行列的时候，当他们共同出现于国会并共同要求应当制造导弹而不是轰炸机，或是炸弹而不是导弹(这要看工会和公司碰巧持有什么样的合同)的时候，工会就没法去说服导弹生产工们相信他们为之工作的公司是一帮工贼把持的团体。

英国工党的领袖为了增进国家利益而与保守党对手竞争，该党难以保留哪怕一个有节制的部分国有化的纲领。在已取缔共产党的西德，正式放弃了马克思主义纲领的社会民主党，正在令人信服地证明它的声望。这就是西方主要工业国家里的情况。在东方，直接政治控制的减弱，证明更加依赖于作为统治手段的技术控制的有效性。至于强大的法国共产党和意大利共产党，由于它们坚持一个最低纲领，把革命夺取政权的目标束之高阁，遵守议会游戏的各种规则，因而也证明了一般的形势。

然而，虽然在受外来力量支持的意义上说法国共产党和意大利共产党是“外来的”是错误的，这一宣传却在无意之间道出了事情的真相：它们在现存的实在中是过去(抑或未来?)历史的见证，就此而言，它们是外来的。如果它们同意在已确立的制度框架内工作，那不仅是因为战术上的理由和对短期策略的考虑，也是因为资本主义制度的变化削弱了它们的社会基础，改变了它们的目标(就像苏联也已改变了它的目标，并在政策上承认了这一变化一样)。这些国家的共产党起着那种“被谴责为”不彻底的合法的反对党的历史作用。它们证明了资本主义一体化的深度和广度，证明了使相互冲突的利益间的质的差异显现为已确立的社会范围内的量的差异的那些条件。

为了发现这些发展变化的原因，似乎没有深入分析的必要。因为就西方而言，先前那些社会冲突在技术进步和国际共产主义的双重(且相互联系的)影响下得到了缓和和解决。阶级斗争被冲淡，“帝国主义的矛盾”在外来威胁面前也被悬置一边。资本主义社会，通过为对付外来威胁而动员起来的方式，使国内显示出一种在工业文明的先前阶段闻所未闻的联合和团结。这是在物质基础上的团结；为对付敌人而进行的总动员对生产和就业起着巨大的刺激作用，因而也对高水准的生活起着维系作用。

在这些基础上产生出了一个被管理起来的社会，在这个社会中，由于日益增长着的生产率和核战争威胁的有利影响，萧条得到控制，冲突得到稳定。马克思在资本主义的生产方式中发现了资本主义社会冲突的根源，即生产资料的私人占有制与社会化生产的矛盾，那么在这些根源未被触及的意义上，冲突得到稳定的状况是“暂时性的”吗？或者，当代资本主义通过使对立面得到容忍的方式来解决矛盾，说明它自身的对抗性结构发生了变化吗？如果第二种假设是真的，那么它是如何改变资本主义与社会主义——后者似乎是对前者的历史否定——之间的关系的呢？

社会变革的遏制

经典的马克思主义理论把从资本主义向社会主义的转变设想为一种政治革命：无产阶级摧毁资本主义的*政治*设施，但保留它的技术设施并使它从属于社会主义。在社会主义革命中存在着如下连续性：摆脱了不合理的限制和破坏的技术合理性，在新社会中不仅维持了下来而且也得到了完满的实现。一个苏联马克思主义者对这一连续性的论述是很

有意思的，因为其中表述的观点对于作为资本主义决定性否定的社会主义概念具有至关重要的意义：[1]

> (1) 尽管技术的发展要服从每一社会形态的经济规则，但它像其他经济因素一样不是随着该形态各规则的中止而终结的。在革命进程中旧的生产关系被破除时，技术仍然保存下来，并由于已从属于新经济形态的经济规则而加速度地继续向前发展。(2) 与对抗性社会经济基础的发展相反，技术不是通过跳跃性的方式而发展，而是随着旧质要素的消失、通过新质要素的逐渐积累的方式来发展的。[(3) 与这里的上下文无关。]

在发达资本主义社会，技术合理性在生产设施中得到了具体化(尽管对它的使用是不合理的)。这不仅适用于机械化的工厂、工具和资源开发，也适用于与机械过程的操纵相适应的劳动方式，适用于按“科学经营”方式来安排的劳动方式。因此，无论是国有化还是社会化，其自身都无法改变技术合理性这种物质的具体化进程；相反，**技术合理性的具体化**还是社会主义一切生产力发展的先决条件。

当然，马克思的主张是，“直接生产者”对生产设施的组织和指导将在技术发展的连续性中造成一种**质变**：即是说为满足自由地发展着的个人需要而生产。但是，已确立的技术设施在多大程度上扩展到社会各个领域中的公共生活和私人生活，即是说，在多大程度上成为包容了劳动阶级的政治领域中的控制和团结手段，上述质变也就会在多大程度上引起**技术结构自身**的变化。这种变化要以下列情况为前提：劳动阶级从他们生活的这一领域之内异化出去，他们的意识在这一领域之内是完全不可能继续存在的意识，因此质变的需要是一个

[1] A · 佐尼凯恩：《作为一种科学和一门学科的技术史：一种苏联的观点》，载《技术和文化》(底特律，韦恩州立大学出版社，1961 年)，第 2 页。

生死攸关的问题。由此，否定便*优先地*存在于这种变化本身之前，而解放的历史力量在已确立的社会范围之内发展的观点则成为马克思主义的一个理论基石。[1]

这种新的意识，这种“内部空间”，即超越历史实践的空间，正是被这样一个社会所排斥的，在这个社会中，主体和客体成了一个以强大的生产力为存在依据的整体的手段。这一社会的最高许诺是为愈来愈多的人民提供一种愈来愈舒适的生活，而人民，严格说来，不能想像一个本质上不同的话语和行为领域，因为遏制和操纵破坏性想像和尝试的能力是这个既定社会的重要组成部分。那些生活在富裕社会底层的人被一种复活了中世纪和近代初期野蛮行径的手段压制在自己的生活界限之内。对于另一些社会地位不太低下的人，社会则通过满足其使奴隶状态变得合意且更不引人注意的需要，照顾其解放的需要，而且社会是在生产本身的过程中造成了这一状况的。在这种情况的影响下，在工业文明的发达地区，劳动阶级正经历着一个决定性的转变，而这已经成为许许多多社会学研究的主题。我把造成这一转变的主要因素列举如下：

(1) 机械化不断地降低着在劳动中所耗费的体力的数量和强度。这种演变对马克思主义关于工人(无产阶级)的概念有着重大影响。对于马克思来说，无产者首先是把其体力花费和消耗在劳动过程中的体力劳动者，即使他是用机器工作的。在非人的条件下，为剩余价值的私人占有而购买和使用劳动者的体力，产生了种种令人震惊的残酷剥削；马克思主义谴责这种给身体带来痛苦和不幸的劳动。这是雇佣劳动和异化状态中的物质的、有形的要素——古典资本主义的生理学和生物学向度。

在过去的那些世纪中，异化的重要原因是人们把他生物学上的

[1] 参见本书第 35 页。

个体出租给技术设施：他是工具的负载者；不把作为工具负载者的人组合起来，机器系统便不能建立。这种职业的特征是具有使人在心理和生理两方面成为畸形的效果。[1]

现在，虽然还存在着剥削，发达资本主义愈益完善的机械化劳动却在改变着被剥削者的态度和地位。在技术的总体效果范围内，自动化和半自动化反应充斥了大部分(如果不是全部)工作时间的机械化劳动，是对生命力的一种长期占有、消耗和麻醉，是一种非人的苦役，甚至是更使人疲惫的苦役，因为机械化加快了劳动速度，控制了机器操作者(而不是产品)并把工人们相互隔离起来。[2]毫无疑问，这种苦役形式表现了受抑制的局部自动化，表现了自动化、半自动化及非自动化部分在同一工厂之内的共存，但即使是在这些条件下，“技术也以神经紧张和(或)精神辛劳来代替肌肉疲乏”。[3]对于更发达的自动化工厂，体力转变为技术和思维技巧的特点更加突出：

……是大脑的而不是手的技巧，是逻辑学家的而不是手工匠的技艺；是神经的而不是肌肉的能力；是领导者的而不是体力劳动者的才能；是修理工的而不是操作者的本领。[4]

这种巧妙的奴役本质上无异于打字员、银行出纳员、繁忙的男女推销员和电视播音员所受的奴役。标准化和常规同化了生产性和非生产性的工作，先前那些资本主义阶段的无产者的确是在劳役重压下的牲畜，当他生活于肮脏和贫困中时，他只得依靠身体的劳动来获取生活的必需品和

[1] 吉尔伯特·西蒙顿：《论技术对象的存在方式》(巴黎，奥比埃出版社，1958年)，第103页注释。

[2] 参见查尔斯·登比：《工人与自动化的斗争》(载《新闻与通信》，底特律，1960年)。

[3] C·R·沃克：《关于自动化的工厂》(纽黑文，耶鲁大学出版社，1957年)，第19页。

[4] 同上书，第195页。

奢侈品。因而他是对他那社会的活的否定。[1]与此相反，技术社会发达地区的有组织的工人都过着明显缺乏否定性的生活；同社会劳动分工中的其他人的目标一样，他正在被纳入由受到管理的人们所组成的技术共同体之中。不仅如此，在自动化最为成功的地区，某种技术共同体似乎在使工作中的人类原子一体化起来。机器似乎在给操作者灌输着一种使人昏昏沉沉的节奏：

> 人们普遍认为，相互依赖的运动是由这样一组人来实施的，他们遵循着一种使人产生满足的有节奏的模式——与运动正在完成的东西完全无关。[2]

一位社会学观察家相信，这为一种“普遍趋势”的逐步发展提供了根据，这种趋势“既有利于生产又有利于使人得到某种显而易见的满足”。他谈到“在每一班组中增长着的一种强有力的集团感情”，他还援引一位工人的话说：“最重要的是，我们处在东西的支配之中……”[3]这一说法令人惊奇地表现了在机械化奴役状态中发生的变化：东西支配而不是压迫，它们支配着人这一工具——不仅支配他的身体，而且支配他的大脑甚至灵魂。萨特的评论阐明了这一过程的深刻意义：

> 在采用半自动化机器不久，研究表明：女技工在劳动时禁不住陷入有关性生活的梦境。她回忆起卧室、床第、黑夜以及有关跟她独处的那个人的一切。但是，她梦中拥抱的却是她手中的机器……[4]

---

[1] 人们必须坚持马克思的剥削概念与贫困概念间的内在联系，尽管在后来的重新解释中，贫困要么被看成文化的一个方面，要么被看成相对的概念，以致适用于备有汽车和电视等等的郊外别墅。“贫困”含有推翻不堪忍受的生存条件的*绝对需要和必要*，而这样一种绝对需要出现在反对社会基本制度的一切革命的开初阶段中。

[2] C · R · 沃克：《关于自动化的工厂》，第 104 页。

[3] 同上书，第 104 页以下。

[4] 让-保罗 · 萨特：《辩证理性批判》，第 1 卷(巴黎，加利马尔出版社，1960 年)，第 290 页。

技术世界的机械化进程破坏了在内心深处保存秘密的自由，并使性生活和劳动在无意识的、有节奏的自动作用中联系起来，这个过程是与职业同化相并行的。

(2) 同化的趋势进而表现在职业的层次中。在重要的工业机构里，“蓝领”工作队伍朝着与“白领”成分有关的方向转化；非生产性工人的数量增加。[1]这种量变也反映出基本生产工具的特点的变化。[2]在机械化的发达阶段，作为部分技术实体，机器不是

> 一个独立的单位，而只是被个体化了的但又在两个方面保持着开放性的技术实体，这两个方面是：与各个构成部分的关系和技术整体中各个个体之间的关系。[3]

机器本身在多大程度上变成机械工具及其关系的系统并因而大大超出个别工作程序，它就在多大程度上通过降低劳动者的“职业自主权”、把他与承受着和指导着技术实体的其他知识性职业结合为一体而表现出更大的统治权。毫无疑问，劳动者从前所具有的“职业”自主权毋宁说是他所受到的职业奴役。但这种特殊的奴役方式同时也曾是他的特殊的、职业否定能力(阻止对他具有毁灭性危险的过程的能力)的来源。由于职业自主权体现着对已确立社会的拒斥，它使劳动者成为某阶级中的一个成员而与其他职业集团区别开来，劳动者现在正在失去这种职业自主权。

技术变化趋于废除作为单独的生产工具、作为“独立的单位”而出现的机器，这种变化似乎取消了马克思主义有关“资本有机构成”的概

---

[1] 《自动化和主要技术变化：对工会规模、结构和功能的影响》(美国劳联-产联工业工会部，华盛顿，1958年)，第5页以下。又参见索罗蒙·巴金：《工人运动的衰落》(圣巴巴拉，民主制研究中心，1961年)，第10页以下。

[2] 参见本书第20—21页。

[3] 吉尔伯特·西蒙顿：《论技术对象的存在方式》，第146页。

念及其有关剩余价值的创造的理论。按照马克思的观点，机器决不创造剩余价值，而只是把它自身的价值转移到产品中，剩余价值依然是剥削活劳动的结果。机器是人的劳动能力的具体体现。通过它，以往的劳动(死劳动)保存了自身并决定着活劳动。现在，自动化似乎从根本上改变着死劳动和活劳动的关系；它造成了生产率“为众多的机器而不是为个别产量”所决定的趋势。[1]进而，个别产量的计量便成为不可能的了：

> 极而言之，自动化事实上意味着工作计量的**终结**……在自动化的情况下，你没法计量一个人的产量；你现在只好简单地估量装备的利用。如果这被概括为一种概念……那么，举例说来，就根本不再有任何理由按件计酬或按时计酬。这就是说，不再有理由坚持薪水和工资的“双轨付酬制”。[2]

这一报告的作者丹尼尔·贝尔进一步阐述了这个问题，他把技术变化与工业化本身的历史制度联系了起来：

> 工业化[的意义]不是随工厂的兴起而产生的，它**产生于对工作的计量**。当工作能被计量，当你能把一个人与工作联系在一起，当你能约束他，按照一件一件的工作来计算他的产量并且按件付酬或按时付酬时，你就达到了现代工业化。[3]

这些技术变化中成问题的远不止付酬制、工人与其他阶级的关系以及劳动组织。成问题的是技术进步如何与工业化所借以发展的那些制度不相矛盾。

---

[1] 塞奇·马利特，载《论点种种》，第12—13期，巴黎，1958年，第18页。
[2] 《自动化和主要技术变化》，第8页。
[3] 同上。

(3) 劳动特点和生产工具的这些变化改变了劳动者的态度和意识，这在对劳工阶级与资本主义社会的“社会和文明一体化”的广泛讨论中变得十分明显。这仅仅是一种在意识中的变化吗？马克思主义者往往对此作肯定的回答，但他们的回答似乎不可思议地前后不一。如果不假定“社会存在”会发生相应变化，可以理解意识中的这样一种根本变化吗？姑且承认意识形态具有高度独立性，这种变化与生产过程中的变化的连接也与他们的解释相冲突。需要、愿望、生活标准、闲暇活动及政见的同化，导源于*在工厂自身中*、在物质生产过程中的一体化。但人们是否能够不带讽刺意味地谈及“自愿的一体化”(塞奇·马利特语)则是大为可疑的。在现有情况下，自动化的否定特征十分显著：技术性失业的加快，管理地位的提高，工人无能为力和听天由命思想的增长。由于管理更需要工程师和大学毕业生，晋升的机会逐渐减少。[1]然而，还存在其他一些趋势。在工作中形成机械共同体的技术组织，同样地也使工人与工厂形成更为紧密的依存关系。[2]人们注意到工人方面“渴望参与生产问题的决定”，“渴望在技术性的或适合于用技术来解决的生产问题上积极发挥他们的才智”。[3]在一些技术最发达的企业中，工人们甚至夸耀他们在企业中得到的既定利益——这是人们经常注意到的工人参与资本主义企业的一个结果。关于法国昂贝斯的美式加德士[4]炼油厂的有争议的描述，可以帮助我们刻画这一趋势。该厂的工人们意识到把他们与企业联结在一起的是什么：

> 职业的、社会的及物质的联系：他们在厂里获得的技巧，他们习惯于某些固定在那里的生产关系；仅仅因为他们属于这一公

[1] C·R·沃克：《关于自动化的工厂》，第97页以下。又参见埃利·蔡诺伊：《汽车工人与美国人的梦想》(加登城，道布尔戴出版社，1955年)，书中各处。

[2] 弗洛伊德·C·曼和L·里查德·霍夫曼：《自动化与工人——电力厂中的社会变化研究》(纽约，亨利·霍尔特出版社，1960年)，第189页。

[3] C·R·沃克：《关于自动化的工厂》，第213—214页。

[4] 加德士(CALTEX)是“加利福尼亚—得克萨斯石油公司”的简写。——译者

司，那些在突然死亡、严重疾病、丧失工作能力、年老体衰的情况下他们可以指望的五花八门的社会福利，使他们在丧失生产能力的时期的生活得到保障。因而生活与加德士石油公司有密不可分的关系的观念，使他们怀着出人意料的关切和见解去考虑公司的财务管理。“企业委员会”的各个代表，怀着与谨慎的股东同样的关切心理，来检查和讨论公司的各项事宜。当出于新投资的需要，工会同意暂缓兑现他们的工资要求时，加德士公司的董事会自然会高兴得手舞足蹈。当委员会的代表们认真对待法国分公司伪造的收支平衡单据并为这些分公司达成的不利交易感到担忧，从而提出竞争性的生产价格和节省本钱的措施时，加德士公司的董事会才会表现出“真正”焦急的迹象。[1]

(4) 新的技术工作世界因而强行削弱了工人阶级的否定地位：工人阶级似乎不再与已确立的社会相矛盾。这一趋势同时又在另一方面即管理和指导方面为生产技术组织的作用所加强。统治转化为管理。[2] 有资本的老板和厂主正在丧失他们作为负责人的身份；他们在一个共同的机器中正起着官僚的作用。理事会和董事会远远超出了个别企业而扩展到科学实验室和研究院，在它们巨大的统治范围内，国家政府和国家意愿，显而易见的剥削根源，消失在客观合理性的外表后面。仇恨和挫伤对方的意图被剥夺了特定的目标，技术的面纱掩盖了不平等和奴役的再生产。[3] 以技术的进步作为手段，人附属于机器这种意义上的不自由，

---

[1] 塞奇 · 马利特：《技术的回报》，载《舟》，第 25 期，巴黎，1959 年，第 40 页。美国汽车工人协会的工会领袖对美国的一体化趋势发表了如下一番令人吃惊的言论：“很多次……我们聚集在工会大厅，谈论工人们提出的不满以及对策。但到我在第二天安排了同经理的会晤时，问题早已得到解决，工会并不因转达不满而得到任何嘉奖。这已成为一场忠诚之战了……我们为公司赢得的一切现在都给了工人。我们必须寻求的只是那些工人们需要、而雇主又不愿付出的另外一些东西……我们尚在探索、寻找之中。”[《工人对工人的看法：对话》(圣巴巴拉，民主制研究中心，1963 年)，第 16 页起。]

[2] 还有必要谴责“管理革命”的空想吗？资本主义生产为私人榨取和占有剩余价值而投入私人资本，资本是人统治人的社会手段。这一过程的本质特征决不会为股票所有权的扩散和所有权与管理权的分离等现象而改变。

[3] 参见本书第 9 页。

在多种自由的舒适生活中得到了巩固和加强。它的新颖之处在于这种不合理事业中的压倒一切的合理性和预处理的深度。这种预处理形成各个个人的本能的动机和愿望，模糊真假意识之间的区别。因为事实上，利用行政的控制而不利用身体的控制(如饥饿、人身依附、强力)，改变重体力劳动的特点，使不同的职业阶层同化，在消费领域中实现平均化，这一切都无补于如下事实：个人无力控制有关生与死、个人安全和国家安全的各种决策的作出。发达工业文明的奴隶是受到抬举的奴隶，但他们毕竟还是奴隶。因为是否是奴隶

> 既不是由服从，也不是由工作难度，而是由人作为一种单纯的工具、人沦为物的状况[1]

来决定的。作为一种工具、一种物而存在，是奴役状态的纯粹形式。如果这种物被赋予了生命且能挑选它的物质食粮和精神食粮，如果这种物并未感到它是作为物而存在，如果它是一个漂亮、干净的活动物，那么，这种生存方式就还没有废除。相反，由于物化有可能凭借其技术形式而成为极权主义，组织者和管理者本身就愈来愈依赖于他们所组织和管理的机器。管理者和被管理者之间的相互依赖不再是主仆之间的辩证关系，这种辩证关系在为相互承认而进行的斗争中已被打破，因此毋宁说它是包括主仆在内的恶性循环。技术人员具有统治权吗？或者，他们统治的是那些依赖他们并把他们作为其设计者和执行者的人吗？

> ……今天，高技术军备竞赛的压力使作出重要决策的初始权力从有关政府官员手中，转到了受雇于大工业帝国并对其雇主利益负责的技术员、设计者和科学家手中。他们的职责是设计新的武器系

[1] 弗朗索瓦·佩鲁：《和平共处》(巴黎，大学出版社，1958年)，第3卷，第600页。

统，并说服军人们相信其军事前途及国家未来取决于购买他们所设计出来的武器。[1]

就像生产机构为了自我保存和发展而依赖于军队一样，军队也依赖于各个公司，“这不仅因为需要购买武器，也因为需要得到有关知识：即需要何种武器、花费多少钱和时间才能得到”。[2]一种恶性循环似乎的确是对一个社会恰当的形象化比喻，这个社会在其所产生、所包含的各种增长着的需要推动下，正在按照其自己预定的方向自我扩张和自我永恒化。

遏制的前景

不断提高的生产率同压制之间的链环有被打破的可能吗？回答这一问题，需要在假定发展相对正常、即不考虑爆发核战争的实际可能的条件下，来设想当代社会向未来发展的情况。基于这个假定，敌人仍将“永久”存在，即共产主义将继续与资本主义共存。同时，资本主义将继续有能力为越来越多的人维持甚至提高生活水准，它不顾并且通过加强毁灭性手段的生产以及对资源和才智的有步骤的浪费来达到这一点。资本主义这种能力，不顾并且通过两次世界大战以及法西斯政权在物质和精神上所造成的无可估量的倒退而表现出来。

这种能力的物质基础在下列情况下仍将继续存在：

(a) 日益提高的劳动生产率(技术进步)；

(b) 下层人口出生率的上升；

(c) 永久性的国防经济；

---

[1] 斯图尔特·米查姆：《工人与冷战》(美国之友服务委员会，费拉德尔菲亚，1959年)，第9页。

[2] 同上。

(d) 资本主义国家经济-政治一体化，及其与不发达地区关系的建立。

但是，社会生产能力同对它的破坏性和压制性的利用之间持续不断的冲突，将使进一步作出下述努力成为必需：把国家机构的需要强加给广大人民，即处理过剩能力，为必定有利可图的售出商品能被购买创造需要，为生产和推销这些商品创造工作的热情。通过支配国营企业和私人企业的经营，通过巩固国营公司和私营公司的利益同其顾客和雇员的利益之间预先确立的一致，这种制度趋向于全面管理，并且趋向于对管理的全面依赖。无论是部分国有化，还是劳工进一步参与经营和分红，都不能改变这一统治制度——只要劳工本身仍是支持者和肯定性力量。

这里也存在来自内部和外部的离心趋势。其中之一是技术进步自身即自动化所固有的。我曾经提出，不断扩大的自动化并不等同于机械化的量的增长，它是基本生产力性质的一种变化。[1]达到技术可能性极限的自动化，同以对生产过程中人的劳动力的私人剥削为基础的社会看起来是不相容的。在实现自动化之前将近一个世纪的时候，马克思就展望了它的爆炸性前景：

> 但随着大工业的继续发展，创造现实的财富已经不再依靠劳动时间和应用的劳动数量了，而是依靠在劳动时间以内所运用的动原(*Agentien*)的力量，而这种动原自身及其动力效果又跟它在自身的生产上所消耗的直接劳动时间根本不成比例，相反地却决定于一般的科学水平和技术进步程度或科学在生产上的应用。……劳动已经显示出不那么值得再继续包括在生产过程以内了，因为人只是以看守者和调节者的地位和生产过程发生关系的。……劳动者站在生产过程之旁，已经不是它的主要动力了。在这样的转变过程中间，作

[1] 参见本书第 24 页。

> 为生产和财富的主要台柱而出现的，既不是人类自身所做的直接劳动，也不是他们从事劳动的时间，而是被人占有的人类所有的一般生产力，人类对自然的理解和人类通过他们作为社会机体的客观存在而征服的自然——一言以蔽之，发展起来的社会的个人。**现有财富的基础是偷盗他人的劳动时间**，这跟新发展起来的、由大工业自身所创造的基础对照起来，显得太可怜了。一旦在直接形态之下的劳动不复是主要的财富源泉，劳动时间也就不能而且一定不能再作财富的尺度，因而交换价值也同样不能再作使用价值的尺度。**群众的剩余劳动**不再是发展一般财富的条件，**少数人不劳而获**也同样不再是发展人类一般智力的条件。这样一来，以交换价值为基础的生产垮台了……[1]

自动化看起来的确是发达工业社会的巨大催化剂。在质变的物质基础中，它是一种爆炸性或非爆炸性的催化剂，是从量变转化为质变的技术手段。因为社会的自动化过程表现了劳动力的变化，或更确切地说，表现了劳动力的质变，在这一质变过程中，劳动力从个人中分离出来，变成为一个独立的生产客体，并进而变成为一个主体。

自动化一旦成为这种物质生产过程，它就会引起整个社会的变革。被推向极端的人的劳动力的物化，将通过割断把个人与机器(使人的劳动成为对人的奴役的机械系统)联在一起的链环而砸碎这种物化形式。在必然性领域内完全实现自动化，将打开自由的时间向度，即人的私人生活和社会生活得以形成的向度。这将是朝向一种新文明的历史的超越。

在发达资本主义的现阶段，组织起来的劳工当然要反对无补于就业的自动化。他们坚持在物质生产中广泛利用人的劳动力，并因而反对技

[1] 马克思：《政治经济学批判大纲》，人民出版社，1963年，第3分册，第356—357页。——译者

术进步。但这样一来，也就是反对对资本的更有效的利用；阻挠进一步提高劳动生产率的努力。换言之，继续阻止自动化进程会削弱资本在国内和国际间的竞争地位，引起长时期的萧条，重新导致阶级利益的冲突。

随着资本主义与社会主义的对抗从军事领域转入社会经济领域，上述可能性变得更加现实。依靠全面管理的力量，一旦达到某种技术水平，苏联体制下的自动化就能更为迅速地发展。对西方世界国际竞争地位的这种威胁，将迫使西方世界加速实现生产过程的合理化。这样的合理化遭到劳工方面的顽强抵抗，不过这种抵抗并不伴有政治上的激进态度。至少在美国，由于集团利益屈从于或隶属于国家利益，劳工领袖在其目的和手段方面都没有超出国家和集团利益的共同范围。这些离心的力量在这一范围之内仍然是可以驾驭的。

这里，人的劳动力在生产过程中所占比重的减少，意味着反对派政治力量的减弱。由于白领成员在生产过程中的分量正逐步增加，政治上的激进态度会伴随着白领集团中一种独立的政治意识和行动而产生——在发达工业社会中不一定出现的一种发展。把工业工会[1]中的白领成员组织起来的趋势，[2]如果能成功的话，可以导致白领集团工会意识的发展，但不大会导致政治态度激进化。

> 从政治上看，工会中更多白领工人的出现，给了自由主义者和劳工代言人一个更可信的机会，使他能把“劳工利益”与整个共同体利益结合起来。劳工作为一个压力集团其群众基础将得到进一步扩大，而劳工代言人则将就国家政治经济卷入更为广泛的讨价还价。[3]

[1] 工业工会指同一工业内跨行业的职工工会。——译者
[2] 《自动化和主要技术变化》，第11—12页。
[3] C·W·米尔斯：《白领》(纽约，牛津大学出版社，1956年)，第319—320页。

在此类情况下，对各种离心趋势进行巧妙遏制的前景，首先取决于既得利益集团按照福利国家的需求调整自身及其经济的能力。政府在国家和国际范围内的开支、指导和计划的大幅度增加，对外援助项目的扩大，全面的社会安全，大规模的市政工程，甚或部分国有化，都属于福利国家的要求。[1]我相信，统治集团将逐步踌躇地接受这些要求，并把巩固其特权的希望寄托在一种更为有效的力量上。

现在，我们来讨论在另一种工业文明制度下即在苏联遏制社会变化的前景。[2]讨论一开始就面临着双重的不可比性：(a) 从年代顺序上看，苏联处于工业文明的早期阶段，其大部分地区尚处在前技术阶段，(b) 从结构上看，其经济和政治机构有着本质的区别(全面国有化，专政)。

这两方面的相互联系给我们的分析增加了困难。历史造成的落后，不仅使苏联的工业化能够前进，而且迫使它前进；这一进程没有计划性的浪费和废弃，也没有谋取私人利润的势力强加给生产率的种种限制；它有计划地满足尚未满足的根本需要，同时优先满足军事的和政治的需要。

这种更大的工业化的合理性，只是一旦达到发达水平便可能消失殆尽的历史落后状况的标志和条件吗? 另一方面，在与发达资本主义竞争性地共存的前提下，依靠专制政体而加强对各种资源的开发和控制的，也正是同一种历史落后状况吗? 而且，在达到“赶上或超过”的目标后，苏联就能放宽其对可能发生质变的地方的极权主义控制了吗?

按照从历史落后状况中得来的观点，在尚不成熟的现有物质、精神条件下，解放必定是处于强力和管制之下的工作。而从历史落后状况中

---

[1] 在较不发达的资本主义国家，斗志昂扬的劳工运动的各个实力部分仍然存在(法国和意大利)，他们的力量被用来反对那以极权形式加速发展技术和政治合理化的力量。国际对抗的危机很可能会加强技术和政治合理化力量，很可能会有助于接受发达工业地区的主导趋势并与之结成联盟。

[2] 有关以下的内容参见我的《苏联马克思主义》(纽约，哥伦比亚大学出版社，1958 年)。

寻找论据，不仅是苏联马克思主义的内核，也是从柏拉图到卢梭的“教育专政”理论家们的主张的内核。它容易遭到嘲笑，但却难以拒绝，因为它具有这样的优点：承认对真正的明智的自我决定起阻碍作用的种种(物质的和精神的)条件，而没有多少虚伪的掩饰。

进而言之，这种论点暴露出压制自由的意识形态，按照这种意识形态，人的解放能够在辛劳、贫穷和愚昧的生活中得到进展。的确，在它能够成为一个自由的社会之前，社会必须首先为其所有成员创造自由的物质前提；在它能够按照自由发展着的个人需要来分配其财富之前，社会必须首先创造财富；在奴隶们认识到正发生着什么以及他们自己对于改变社会能够做些什么之前，社会必须首先使他们能够学习、观察和思考。在奴隶们已被预先安排好以奴隶身份而生存并对他们所扮演的角色表示满意的情况下，他们的解放似乎必定来自外部和上面。必须“强迫”他们“去获得自由”，“强迫”他们“按照对象的本来面目、有时按照它们应该显示出的面目去观察对象”，必须给他们指出他们在寻找的“光明大道”。[1]

这种论点尽管具有真实性，它仍然不能回答一个长期以来悬而未决的问题，即谁教育了教育者？何以证明教育者拥有“美德”？这个问题不会由于下述说法而失去成立依据，那一说法是：它同样适用于某些民主的政府形式，在这些民主的政府形式中，关于什么对国家有益处的重大决策是由经过选举的议员们，由在有效的、自由接受的信条之下选举出来的议员们作出的(或更确切地说是由选举出来的议员们批准的)。为“教育专政”所寻找的惟一可能的借口(够无力的了!)依然是，它所包含的可怕风险可能并不比伟大的自由国家和极权国家现在正承受着的风险更大，其代价也并不更高。

然而，辩证逻辑反对这种对残暴事实和意识形态的态度，它坚持，在奴隶获得自由之前，他们必须有争取解放的自由；同时目的必须在达

---

[1] 卢梭：《社会契约论》，第 1 部，第 7 节；第 2 部，第 6 节。参见本书第 7 页。

到目的的各种手段中起作用。马克思关于工人阶级的解放必定是工人阶级自己的事的主张，阐明了这一先决条件。随着革命的开始，社会主义必定变成现实，因为它必定已经存在于进行这一革命的那些人的意识和行动中。

诚然，这里存在着一个社会主义建设的“最初阶段”，在这个阶段新社会“带着它脱胎出来的那个旧社会的痕迹”；[1]但是，从旧社会向新社会的质变就发生于这一阶段的开始之时。根据马克思的观点，“第二阶段”严格说来是由第一阶段产生的。新的生产方式带来的新的生活方式就出现在社会主义革命中，它是资本主义制度的结果和其所达到的终点。社会主义建设则随着革命的第一阶段的开始而开始。

据此看来，从“按劳分配”过渡为“按需分配”是由第一阶段决定的——不仅是由第一阶段所创造的技术和物质基础，而且(这具有决定性意义!)是由创造技术和物质基础的*方式*所决定的。“直接生产者”对生产过程的控制，应该启动那把自由人的历史与人的前历史区分开来的发展。这是这样一个社会，在其中，先前的生产目标第一次变成了为实现其自身的需要和才能而设计和使用其劳动工具的个人。人们将破天荒第一次自由地、集体地行动，从而虽身处限制其自由和人性的必然性之下却又与之进行抗争。因此，必然性所强加的一切压制都将真正成为自我强加的必然性。与这个概念相对照，当代共产主义社会的实际发展却推延了(或由于国际局势而被迫推延了)走向第二阶段的质变，同时，从资本主义向社会主义过渡尽管是一场革命，但它看来依然是量变。人被其劳动工具所奴役的状态，在一种高度合理化的、效率极高、前途远大的形式中得到继续。

敌对双方共存的情况可以为斯大林主义工业化的恐怖特征提供理

[1] 马克思：《哥达纲领批判》，参见《马克思恩格斯选集》，人民出版社，1972年，第3卷，第10页。——译者

由，但它也动用了有可能使技术进步永远成为统治工具的力量；手段损害了目的。同时，假定不会发生中断技术发展的核战争或其他大灾难，技术进步就会有利于生活水准的继续提高和控制的进一步放松。国有化经济可以利用劳动生产率和资本而不会遇到结构性的抵抗，[1]同时又大幅度地降低工作时间并增加生活的舒适程度。它能够完成所有这一切而不放弃对人民的全面管理。所以没有理由想像，技术进步加上国有化将造成否定力量的“自动”解放和释放。相反，不断增长的各种生产力同征服它们的组织之间的矛盾——甚至斯大林也公开承认这是苏联社会主义发展的一个特征[2]——有可能会平息而不是加剧。统治者能够投出的消费品越多，下层人民在各种官僚统治机构下就被束缚得越紧。

但是尽管苏联遏制质变的前景似乎与发达资本主义遏制质变的前景并无二致，社会主义生产基础还是使之产生了一个决定性的差异。在苏联的制度下，生产过程的组织明显地把“直接生产者”(劳动者)同对生产资料的控制分离开来，并进而在制度的底部促成阶级差别的产生。这种分离在短暂的布尔什维克革命的“英雄时期”之后由政治决策和权力所确立，并从此被巩固下来。然而，它并不是生产过程本身的原动力；也不像导源于生产资料私人所有制的资本与劳动的分离那样内在于该过程之中。结果，统治阶层自身是可能从生产过程中分离出来的，就是说，他们可以被取代而无需推翻社会的基本制度。

上述情况在苏联马克思主义的如下理论中得到了部分正确的阐述：“落后的生产关系同生产力性质”之间的主要矛盾能够通过非爆炸性手段而解决；它们之间的相互“适应”可以通过“逐步改变”而实现。[3]但事实的另一方面是，量变仍然必须转化为质变，转化为国家、党、计划等等凌驾于个人之上的独立力量的消失。既然这种变化并不触及社会

[1] 关于内在的抵抗和可驾驭的抵抗之间的区别，参见我的《苏联马克思主义》，第109页以下。

[2] 《苏联社会主义经济问题》(1952年)，载利奥·格洛利欧编：《当前苏联政策》(纽约，F·A·普雷格出版社，1953年)，第5、11、14页。

[3] 《苏联社会主义经济问题》，第14—15页。

的物质基础(国有化生产过程)，它就仍将限于一种政治革命。如果它能够在人类存在的基础即在必要劳动方面导致自我决定，它就将是历史上最彻底、最全面的革命。不考虑工作成绩分配生活必需品，把劳动时间降低到最低限度，为不同职能的交流而进行普及的全面教育——这些都是自我决定的前提而非它的内容。当这些前提的创造仍然是凌驾于人们之上的管理结果时，它们的确立就将意味着这种管理的终结。可以肯定，一个成熟的、自由的工业社会将继续依赖引起职能的不平等的劳动分工。真正的社会需要、技术需求和个人之间的身心差别，使这样的不平等成为必需。然而，各种行政的和监督的职能将不再为了某种特殊的利益而行使对他人生活进行统治的特权。因此，即便是在一个完全国有化和计划化的经济基础上，向这样一种状态的转化也是一个革命的过程，而不是渐进的过程。

人们能够假定共产主义制度在其已确立的形式中将会发展(或在国际竞赛的推动下被迫发展)可以促成这样一种转化的条件吗？有一些强有力的论据反对作这一假定。人们强调，顽固的官僚主义将会作出强有力的抵抗，这一抵抗在迫使人们去为解放创造前提即去与资本主义世界进行生死竞争的同样的基础上发现了自身的合理性。

人们可以无需人的本质所固有的“内驱力”这一概念。这是一个十分含混的心理学概念，显然不能用来分析社会发展。问题不在于，一旦可能的质变标准达到时共产主义的官僚们是否会“放弃”他们的特权地位，而在于他们是否能够防止达到这种标准。为了做到这一点，在统治仍然合理并有利可图的地方，在下层人民仍然能被束缚于工作、束缚于国家或其他已确立机构的利益之上的地方，官僚们必定会阻止物质的和精神的发展。同时，在这里，决定性的因素似乎也是全球性的共存局势，它早已成为两个对立社会内部局势中的一个因素。可以证明，全面利用技术进步的需要，凭借优越的生活标准而生存的需要，比既定官僚体制的抵抗力量更为强大。

我愿意对下述耳熟能详的观点作出几点评论：落后国家的新发展不仅能改变发达工业国家的前景，而且能够构成一支可以逐步具有相对独立性的“第三种力量”。根据上面的讨论：有什么证据能够表明先前的殖民地半殖民地地区可以选定一条本质上不同于资本主义和当代共产主义的工业化道路呢？在那些地区的本土文化和固有传统中有什么东西能够预示出这样一种不同的选择呢？我将把我的评论限于已处于工业化进程中的那些落后国家的典型，即是说，限于工业化同完好无损的前工业的、反工业的文化并存的那些国家(印度、埃及)。

那些国家的工业化进程已经开始，但其人民并没有受过关于自我推进的生产率、效益和技术合理性的重要性的训练。换言之，这些国家的绝大多数人口尚未被改造成一支与生产资料相分离的劳动力量。这些情况是否有益于工业化和解放的新型结合——不仅根据下层人民的根本需要，也根据平息生存斗争的目的来建立生产设施的一种本质上不同的工业化方式呢？

那些落后地区的工业化并不处于真空之中。它发生在这样一个历史环境中：原始积累所要求的社会资本必须大量从外部、从资本主义或共产主义集团(或同时从二者)获得。此外，还有一个广为流传的假定即依然存在着的独立将要求迅速实现工业化，并达到至少能在与这两类大国的竞争中确保相对独立性的生产水平。

在这些情况下，不发达社会要向工业社会过渡，必须尽快抛弃其前技术的种种形式。对于人民的最为根本的需要尚且远未满足的那些国家来说，这一点尤为重要。因为，在那些国家内，低劣的生活水平首先要求的是大量产品，是实行机械化、标准化的大规模生产和分配。但同样是在那些国家，前技术、甚至前“资产阶级”的习惯和状况的重负，强有力地抵抗着这种强制进行的发展。机械过程(作为社会过程)要求顺从一种无形的力量系统，这一系统是对那些还保留着神圣光圈的价值准则和社会制度的全面破坏和世俗化。人们可以合理地假定，在两大阵营全面的技术管理的影响下，抵抗的消除将以自由和民主的形式进行吗？不发达国家能够完成从前技术社会向后技术社会的历史飞跃，而在这个过程中受到控制的技术装置又可以为真正的民主提供基础吗？相反，事情倒像是：那些国家强制进行的发展将产生出一个全面管理的时期，而其暴烈程度和严厉程度将更甚于能够建立在自由主义时代成就之上的那些发达社会所经受的管理。概而言之，落后地区可能会隶属于新殖民主义的多种形式之一，或者隶属于多少有点恐怖主义的原始积累的体制。

然而，进行另外的替代性选择似乎也是可能的。[1]如果落后国家的工业化和技术引进遭到来自本土的、传统的生活方式和劳动方式的强烈抵抗——甚至在已经看得见较好、较舒适的生活前景时也不中止的抵抗，这种前技术的传统本身还可能成为进步和工业化的源泉吗？

落后国家所固有的进步要求一种有计划的政策；正是这种政策而不是强加于传统生活方式和劳动方式之上的技术，将在固有的进步自身的基础上扩大和改善固有进步，同时消除种种使它们无力确保人类生存发展的压迫力量和剥削力量(物质的和宗教的)。其先决条件是社会革命、土地改革、减少过剩人口，但绝不是照搬发达国家范型的工业化。在自然资源摆脱压迫性侵占后不仅足以维持生存，而且足以使人过上像样生活的地区，固有的进步似乎确是可能的。在情况不是这样的地区，人们难道就不能够在传统结构框架内通过接受逐渐的、点滴的技术援助来使自然资源满足自己的需要吗？

如果事情就是这样，各种老牌的发达工业社会所不具有(并且从不具有)的情况就会普遍流行——即“直接生产者”自身将有机会通过他们自己的劳动和闲暇去创造他们自己的进步并决定其速度和方向。自我决定将从根本之处着手，为生活必需品而工作将超越自身而成为为愉悦而工作。

但是，即便是在这些抽象假定的情况下，也必须承认自我决定具有

[1] 以下参见勒内·迪蒙的巨著，尤其是《生命之乡》(巴黎，普隆出版社，1961年)。

无情的界限。通过废除精神和物质的剥削而为进一步发展打下基础的初期革命，难以被设想为自发的行动。此外，固有的进步将以今天支配着世界的两大工业集团改变其政策即抛弃一切形式的新殖民主义为前提，而现在并没有出现发生这一变化的迹象。

福利国家和战争国家

综上所述：由具有技术合理性的政治所提供的遏制变化的前景，取决于福利国家的前景。福利国家似乎有能力提高*受到管理*的生活水准，这是一种为一切发达工业社会所固有的能力。在这些社会中，流水作业的机器装置被抬高为凌驾于个人之上的力量，它依靠生产率的加紧发展和提高而发挥作用。在这样的条件下，自由和对立面的衰落并非是一个道德精神败坏或腐化的问题。数量不断增长着的商品和服务设施的生产和分配压倒了合理的技术态度，就此而言，自由和对立面的衰落其实是一个客观的社会过程。

然而，尽管具有所有这些合理性，福利国家仍是一个不自由的国家，因为它的全面管理有条不紊地限制了：(a) “从技术方面看”可以获得的自由时间；[1](b) “从技术方面看”可用于满足个人根本需要的商品、服务设施的数量和质量；(c) 能够理解和实现各种自我决定的可能性的才智(有意识的和无意识的)。

晚期工业社会增长而不是降低了对寄生的和异化的功能的需要(如果不是为个人也是为整个社会)。做广告、拉公共关系、进行灌输、有计划地废弃都不再是经常性的非生产性花费，而是基本生产成本的组成部分。为了某种效果，社会必需浪费的生产要继续得到合理化，即不懈地

[1] “自由”时间并非“闲暇”时间。后者盛行于发达工业社会，但就它受商业和政治的支配而言，它是不自由的。

利用先进技术和科学。结果，一旦某种落后水平被克服，不断提高的生活水准便是受到政治操纵的工业社会的几乎不可避免的副产品。不断提高的劳动生产率创造出不断增加的剩余产品，这些剩余产品无论被私人还是被集中占有和分配，都为得到增长的消费留下了余地——尽管生产率受到进一步转移。只要这种相互联系的网络居主导地位，它就会降低自由的使用价值；而要是受管理的生活是舒适的，甚至是“美好”的生活的话，那么坚持自我决定的理由也就不复存在。这就是对立面一致和单向度政治行为的合理的、物质的基础。在这个基础上，社会范围之内的超越性政治力量被抑制，而质变看来只有作为一种来自外部的变革才有可能。

以抽象自由的名义来拒斥福利国家难以令人心悦诚服。丧失经济自由和政治自由这一先前两世纪所取得的实际成就，在一个能够造就安全而又舒适的受管理的生活的国家里，似乎是一种微不足道的损失。[1]如果每个个人都满足于通过由管理所提供的商品和服务设施而获得的幸福的话，他们为什么还要为不同商品和服务设施的不同生产而坚持不同的制度呢？如果每个个人预先受到制约，以致令人满意的商品也包括思想、感情和愿望的话，他们为什么还要希望独立地思考、体验和想像呢？诚然，所提供的物质商品和精神商品可能是低劣而又不经济的废品，但“理性”和知识并不是反对满足需要的有效论据。

以自由主义和保守主义(加不加个“新”字在前都无所谓)的名义来批判福利国家，要以福利国家已超越了的那些条件的存在即社会财富和技术发展的较低程度为其有效根据。那种批判的破坏性方面显现在反对整个社会法规的斗争中，也显现在反对把足够的政府开支用于军事防卫以外的公用事业的斗争中。

对福利国家各种压制能力的谴责因而有助于保护在福利国家之前的社会压制能力。在资本主义的最发达阶段，这个社会是受到压制的多元

[1] 参见本书第 5 页。

系统，在它之中，各种对立制度共同巩固着整体对个人的压力。再者，对于受管理的个人而言，多元管理远比全面管理好。一种机构可以保护这个人而反对另一种机构；一个组织可以缓和另一个组织的影响；逃避和补救的多种可能性也可以预期。法律的统治，不管怎样使人受到限制，比起法律之上或法律之外的统治来总有无尽的安全。

然而，从各种流行趋势来看，上述多元主义形式是否不会加速多元主义毁灭的问题必须提出来加以讨论。发达工业社会确乎是一个各种对抗力量共存的系统。但是在一种更高的一致性中，即在保卫和扩大已确立地位、反对种种不同历史抉择并遏制质变的共同利益中，这些力量相互抵消。这些对抗性力量并不包括反对社会整体的那些力量。[1]它们有助于使社会整体具备对来自内部和外部的否定的免疫力；遏制的外交政策也表现为国内遏制政策的延伸。

多元化的现实成了意识形态性的、欺骗性的东西。它似乎是扩展而不是缩减操纵和协作，是促进而不是抵制具有决定性影响的一体化。自由机构和极权机构竞相使敌人成为与本制度不共戴天的力量。这种不共戴天的力量之所以能促进发展和创造，不是由于防御"部门"的重要性和经济影响，而是由于整个社会成了防御性社会。因为敌人总是存在的，他并非存在于非常时期，而是存在于通常事态中。他在和平时期造成的威胁一如战争时期(或许更甚于战争时期)；因而他正在作为一种凝聚力融入本社会体制之中。

无论是不断增长着的生产率还是生活的高标准，都不依赖于来自外部的威胁，但把它们用于遏制社会变革并使奴役状态永恒化却要以外部威胁为条件。敌人是一切需要和不需要的东西的通名。而且敌人并不等同于具体的共产主义或具体的资本主义——在这二者中他是解放的真正

[1] 对加尔布雷思意识形态概念批判的和现实主义的评价，参见E·莱瑟姆：《公司的主体政治》，载E·S·梅森：《现代社会中的公司》(剑桥，哈佛大学出版社，1959年)，第223、235—236页。

幽灵。

再说一遍：这个整体的精神错乱症解决了各种特殊的精神错乱症并把反对人性的犯罪转变为一桩合理的事业。当被公众的和私人的权威巧妙地激发起来的人民为总体动员的生活而作准备时，他们是清醒的，这不仅因为有当前的敌人，也因为在工业和娱乐设施中有种种投资和就业的可能性。甚至如下这种最为荒谬的计算也是合理的：死五百万人总比死一千万、两千万人好。不过，要论证一种文明显示了其自身的目的是没有希望的，如果这一文明以上述计算方式来为其防卫作辩护的话。

由此而来的是，就连仍然存在的自由和逃避也陷入了被组织起来的整体之内。在组织化的市场阶段，竞争是缓和还是加剧更大、更快的补员和淘汰竞赛呢？各个政党是为和平还是为力量更强、耗资更多的军事工业而竞争呢？“财富”的生产是促进还是推延对尚未达到的根本需要的满足呢？如果前一种选择情况属实，那么当代多元主义就可能加强遏制质变的趋势，并因而阻止而不是推动自我决定的“大变动”。民主也就可能表现为最有效的统治制度。

上面所勾勒的福利国家的形象，是介乎于有组织的资本主义和社会主义、奴役和自由、极权主义和幸福之间的历史畸形。它既为技术进步的普遍趋势所充分预示，又受到爆炸性力量的一定威胁。当然，最可怕的威胁是从准备转入实施的全面核战争的危险，这种威慑力量还有助于威慑那些为消除对它的需要而作出的努力。不过，还有一些其他的因素也在起着作用，这些因素可以防止极权主义和幸福、操纵和民主、他律和自律的愉快结合，简言之，可以防止使有组织的行为和自发的行为、受制约的思想和自由的思想、权宜之计和坚定信仰之间的预定和谐得到巩固。

甚至组织化程度最高的资本主义，也把对利润的私人占用和分配的社会需要作为经济原则保留了下来。即是说，它继续把普遍利益的实现与特殊的既得利益联系了起来。这样一来，它仍旧面临不断增长着的平息生存斗争的潜力同加剧生存斗争的需要之间的冲突；面临逐渐“废除劳动”同对把劳动作为利润来源而加以维护的需要之间的冲突。这种冲突使形成人类社会金字塔的基础的那些人的非人生活永恒化，那些人包括局外人和穷人、失业者和无力就业者、受迫害的有色人种、犯人和精神病号。

在当代共产主义社会，外部敌人、落后状态和恐怖传统，都是使“赶上和超过”资本主义成就的种种压制性特征永恒化的因素。手段对目的的优先权(一种仅当实现了和平才可能打破的优先权)因而更加巩固；资本主义和共产主义继续在全球范围内通过全球性机构进行着不用军事力量的竞争。这种和平或许意味着一种真正的世界性经济的出现，亦即民族国家、民族利益、民族商业及其国际联盟的崩溃。当代世界动员起来加以反对的正是那种可能性：

> 无知和无意识状态正是民族主义不断扶持的东西。无论是20世纪的军事还是工业，都不会使“祖国”来担保它们的安全和生存，除非通过在世界范围内对军事和经济事务施加重要影响的种种组织。但是在东方和西方，各种集体信念并没有顺应实际发生的变革。它们的强大力量无需接受在经济和政治体制中给予这种或那种联合以影响和意义的变革，就能形成它们的帝国或修复其结构。

同时：

> 由于受国家和阶级的愚弄，劳苦大众处处被卷入剧烈的冲突中，在这种冲突中，他们惟一的敌人是成心玩弄工业和权力的神秘性的那些老手。

> 现代工业同地方政权的勾结，是一种比资本主义和共产主义制

度及其结构更为真实的弊端，是没有什么必然辩证法能使之必然根除的弊端。[1]

当代世界惟一两种“独立自主的”社会制度生命攸关的相互依赖表明，进步和政治之间、人和其主人之间的冲突已经变为全面冲突。当资本主义对付共产主义的挑战的时候，它发现了自己的能力：在使以利润为目标的、阻止生产力发展的私人利益居于次要地位之后，所有的生产力可以得到惊人的发展。当共产主义对付资本主义挑战的时候，它也发现了自己的能力：惊人的舒适、自由以及生活负担的减轻。这两种制度都具有那些被扭曲得面目全非的能力，而且在这两种制度下，理由归根结底是同样的：为反对一种生活方式而斗争，这种生活方式将瓦解统治的基础。

[1] 弗朗索瓦·佩鲁：《和平共处》，第3卷，第631—632、633页。

第三章

不幸意识的征服：压抑性的俗化趋势

前面我们讨论了发达工业社会政治的一体化，即由不断增长的技术生产力和不断扩展的对人和自然的征服而获致的一种成就。现在我们将转入与此相应的文化领域中的一体化。在本章，文学的某些重要观念、重要形象及其命运将表明技术合理性的进步正在如何清除“高层文化”中的对立性因素和超越性因素。它们事实上屈从于流行在当代工业社会发达地区的俗化趋势。

这个社会的成就和失败使它的高层文化失去合法性。人们所赞美的自主性人格、人道主义以及带有悲剧色彩和浪漫色彩的爱情，似乎都是发展的落后阶段才具有的理想。正在发生的不是高层文化向大众文化的堕落，而是高层文化被现实所拒斥。现实超过了它的文化。当代人可以比文化中的英雄和半神更有能耐；他已经解决了许多十分棘手的问题。但他背弃了在高尚[1]的高层文化中得到维护的期望，践踏了在高尚的高层文化中得到维护的真理。确实，高层文化过去总是与社会现实相矛盾，而且只是具有特权的少数人才能享受它的乐趣，描绘它的理想。社会的这两个对立领域一直是同时并存的；一方面高层文化总是随遇而安，另一方面现实也极少受到其理想和真理的妨碍。

今天的新奇之处是通过消除高层文化中对立的、异己的和超越性的因素——它们借助高层文化而构成现实的*另一种向度*——来消除文化和社会现实之间的对立。清除*双向度*文化的办法，不是否定和拒斥各种“文化价值”，而是把它们全部纳入已确立的秩序，并大规模地复制和显示它们。

事实上，它们也是作为社会团结的工具而起作用的。自由的文学艺术的伟大之处，人道主义的各种理想，个人的悲欢，人格的完满，都是东西方竞争中的重要项目。它们猛烈攻击当代共产主义的种种形式，而又没有一天不受到管理和贩卖。它们同贩卖它们的社会相矛盾的事实并不重要。正像人们知道或觉察到广告和政治演讲未必是真的或正确的，但还是要去听、去读甚至让自己受其指导一样，人们接受传统价值观念并使之成为自己的精神武器。如果大众传播媒介能把艺术、政治、宗教、哲学同商业和谐地、天衣无缝地混合在一起的话，它们就将使这些文化领域具备一个共同特征——商品形式。发自心灵的音乐可以是充当推销术的音乐。所以，重要的是交换价值，而不是真实的价值。从根源上看，现状的合理性和一切异己的合理性都服从于此。

当竞选领袖和政治家在电视、电台和舞台上说出自由、完善这些伟大的字眼的时候，这些字眼就变成了毫无意义的声音，它们只有在宣传、商业、训练和消遣中才能获得意义。理想与现实同化到这种程度，说明理想已被超越。它被从心灵、精神或内心世界的高尚领域里拽了出来，并被转换为操作性术语和问题。这里也有大众文化的进步因素存在。理想的俗化现象表明了如下事实，即发达工业社会面临各种理想物质化的可能。该社会的各种能力正在逐渐缩小对人的条件加以描绘、理

[1] 此处原文为 sublimation，除高尚外还含有升华之意。本译文依据不同的上下文而分别有高尚和升华两种译法。与此词相关的另一个重要术语是 desublimation，本译文依据文意译为俗化。此外，马尔库塞还在一个地方用了 unsublimation 一词，本译文直接译为粗俗。——译者

想化和说明的高尚领域。高层文化变成物质文化的组成部分。在此过程中，它丧失了更大部分真理。

西方的高层文化——工业社会仍宣称信仰其道德、美学和思想价值——在功能的意义和年代顺序的意义上曾是一种前技术文化。它的合法性得自于一个因技术社会的出现而不再存在、也无法恢复的世界的经验。此外，西方的高层文化在很大程度上还曾经是一种封建文化，甚至当资产阶级时代给了它某些十分持久的公式时也是如此。它曾是封建的，不仅因为它局限于享有特权的少数人，也不仅因为它那固有的罗曼蒂克成分(下面就将讨论这一点)，而且因为它的权威著作曾表现了一种同整个商业和工业领域、同可以预测并可以获利的秩序的有意识、有步骤的异化。

虽然，这种资产阶级秩序在艺术和文学(如 17 世纪德国画家、歌德的《威廉 · 迈斯特》、19 世纪英国小说和托马斯 · 曼的作品)中得到了丰富的，甚至肯定的描绘，它仍然是为另一种向度所遮蔽、破坏和拒斥的秩序，因为此种向度指控和否定商业秩序，与商业秩序形成不可调和的对立。此种向度在文学中的代表，不是宗教、精神和道德上的英雄(他们往往支持已确立的秩序)，而是那些破坏性的角色，如艺术家、娼妓、姘妇、主犯、大流氓、斗士、反叛诗人、恶棍和小丑——即不去谋生，至少不以有规律的、正规的方式去谋生的那些人。

诚然，这些角色在发达工业社会的文学中并没有消失，但他们必须从根本上改头换面之后才幸存下来。因而，荡妇、民族英雄、垮掉的一代、神经质的家庭妇女、歹徒、明星、超凡的实业界巨头，都起着一种与其文化前身不同，甚至相反的作用。他们不再想像另一种生活方式，而是想像同一生活方式的不同类型或畸形，他们是对已确立制度的肯定而不是否定。

他们的文化前身的世界，是一个落后的前技术世界，即是一个对不平等和艰辛生活心安理得的世界。在那个世界中，劳动仍是一种注定的不幸。不过，那个世界也是人和自然尚未被作为什物和工具而组织起来的世界。通过运用各种形式和风格的代码，运用文学和哲学的体裁、术语，那种已成往昔的文化表现了这样一个世界的节奏和内容：在这个世界中，山谷和森林、村庄和客栈、贵族和村夫、沙龙和庭院都是经验世界的一部分。前技术文化的诗歌和散文所表现的节奏，是那些信步漫游或驾车梭巡的人的节奏，是那些有时间和雅兴去苦思、冥想、体验和讲述的人的节奏。

它是过时的、被超过了的文化，只有梦幻和返老还童才能使它复活。但就其某些决定性因素而言，它又是一种*后*技术文化。它那些最先进的形象和立场似乎没有被吸入受管理的舒适条件和刺激因素中；它们还在迷恋从技术进步的巅峰状态中获得再生的意识。它们是对如下事实的表达：从已确立的生活形式中摆脱和有意识地异化出来，由于这一点，文学和艺术甚至在对已确立生活形式加以点缀的地方，也是与已确立生活形式相对立的。

同马克思主义用以表示在资本主义社会中人与其自身和与其工作之间的关系的概念相对照，*艺术异化*是对异化的存在的有意识超越，是“更高层次的”或间接的异化。资产阶级文学艺术中之所以会出现与新世界相冲突并否定商业秩序的反资产阶级因素，既不是由于商业秩序的美学意义低下，也不是由于浪漫主义的倒退——奉献给正在逝去的文明阶段的怀旧情感。“浪漫主义的”是一个谦恭的毁谤术语，它很容易被用于蔑视世人的先锋派立场，正如“颓废派”一词比实际的颓废因素更为经常地谴责一种行将灭亡的文化所具有的真正的进步特征一样。艺术异化的传统形象在美学上与发展着的社会格格不入，就此而言，他们的确是浪漫主义的。他们与社会格格不入是其拥有真理的标志。他们在记忆中重新唤起并加以维护的东西属于未来：将摧毁那个压制它的社会的令人满意的形象。20、30年代那些伟大的超现实的艺术和文学，在其颠覆和解放作用中，还再现过这些形象。从基本的文学术语中随便挑出一些例子就能表明这些形象的天地、亲缘关系及其所展示的向度，譬如：灵魂、精神和心灵；《对于绝对的探索》、《恶之花》、《小妇人》、《海边王国》、《醉舟》、《长腿的诱饵》、《远方》和《故乡》；魔鬼似的酒徒，魔鬼似的机器，魔鬼似的金钱；唐璜和罗密欧；《建筑师》、《当我们死而复醒时》。

单是上述例子就表明他们属于一种过时的向度。他们之所以失去合法地位，并非因为他们在文学上已经陈旧。这些形象有一部分属于当代文学并幸存于其最优秀的作品中。不再合法的是其颠覆性力量、破坏性内容即其真理。于是，他们便在日常生活中去找他们的归宿。这样一来，异己的和正在异化的精神文化作品就变成熟悉的商品和服务设施。那么，它们的大规模再生产和消费仅仅是一种量变，仅仅是一种文化鉴赏、文化领悟或民主化的发展吗?

文学艺术的真理总是被当作“高层”秩序的真理来看待(假如它得到承认的话)，它不应该、事实上也不曾妨碍商业秩序。当代社会所改变的是这两种秩序及其真理之间的区别。社会的吸收能力通过同化其对抗性内容而消去艺术的向度。文化领域里的新型极权主义正是在调和性的多元主义中表现出来的，这种多元主义使最不相容的作品和真理也能在差别中和平共处。

在这种文化调和出现以前，文学艺术本质上是异化，因为它维系和保护着矛盾，即四分五裂的世界中的不幸意识，被击败的可能性，落空了的期望，被背弃的允诺。由于它揭示了人和自然在现实中受压抑和排斥的向度，因而曾是合理的认知力量。其真理存在于它所引起的幻觉中，存在于它不懈地创造一个使人想起和怀疑(由认识而定)生活的恐怖的世界。这就是各种杰作创造的奇迹；它是悲剧，是彻头彻尾的、不可解决的悲剧。因为，去过有爱有恨的生活，去过现实存在的生活，就意味着挫折失败、逆来顺受和死亡。社会的罪恶、人为人造成的地狱由此便变成不可征服的宇宙力量。

实际和可能之间的紧张被变成一种不可解决的冲突；在这一冲突

中，多亏有作为形式的作品和作为“幸福希望”的美，二者之间才得到调和。在作品形式中，具体环境被置于既定现实显示自己实际面目的另一种向度之下。因而它述说了有关它自身的真理；其语言不再是欺骗、无知和屈从的语言。虚构的作品叫出了事实的名称，事实的王国因此便土崩瓦解；因为虚构之物推翻了日常经验并揭示了其残缺不全和虚假之处。但艺术只有作为否定力量才能拥有这种魔力。只有当形象是拒绝和驳斥已确立秩序的活生生的力量时，它才能讲述自己的语言。

福楼拜的《包法利夫人》与当代文学中同样悲惨的爱情故事是有所区别的。实际生活中包法利夫人似的人物所使用的谦卑术语仍含有包法利夫人的形象，不然的话就是她所阅读的故事含有包法利夫人的形象。包法利夫人的焦虑不可救药，因为不会有为她治疗的心理分析专家；而所以没有心理分析专家，又是因为在她的世界里心理分析专家没有治愈她的能力。她会拒绝心理分析专家把她看作那毁灭了她的永镇秩序的组成部分。她的故事是“悲剧性的”，因为故事发生于其中的社会是一个落后的社会，它具有尚未解放的性道德和尚未制度化的心理学体系。那时还有待出现的社会现在已经通过压制的方式而“解决”了她的问题。诚然，要说包法利夫人的悲剧或罗密欧与朱丽叶的悲剧在现代民主中已得到解决，那是荒唐可笑的；但要否认这一悲剧的历史实质也是荒唐可笑的。不断发展的技术现实不仅暗中破坏了艺术异化的形式，而且也破坏了它的基础；这就是说，不断发展的技术现实不仅使某些艺术“风格”失去其合法性，而且还使艺术的要旨失去其合法性。

可以肯定，异化并非艺术独一无二的特征。分析和阐述这个问题超出了本书的范围，但我们可以提出一些看法以供澄清问题。在整个文明时期，艺术似乎完全被并入它所处的社会。埃及、希腊和哥特式艺术是为人熟知的例子；巴赫和莫扎特通常也被引用来证明艺术的“肯定”方面。艺术作品在前技术的和双向度的文化中的地位同它在单向度文明中的地位大不一样。但异化既刻画了肯定性艺术的特征，也刻画了否定性艺术的特征。

决定性的区别不是欢乐中创造的艺术和悲哀中创造的艺术之间的心理学区别，也不是精神健全和神志不清之间的心理学区别，而是艺术现实和社会现实之间的区别。与后者相决裂、魔术般地或合理地越界，甚至是最具肯定性的艺术的本质特征；这样做也即是同作为艺术对象的大众相异化。所以，不管庙宇和教堂对于生活在周围的人们是多么亲切和熟悉，它们还是与奴隶、农民和手艺人——甚至其主人——的日常生活处于可怕的鲜明的对照之中。

艺术无论仪式化与否，都包容着否定的合理性。在其先进的位置上，艺术是大拒绝，即对现存事物的抗议。它那些使人和物出场、吟唱、述说和讲演的方式，是拒绝、破坏和重新创造其实际存在的方式。但这些否定的方式对与之相联系的敌对社会却大加赞颂。由于与社会再生产其自身及其不幸的劳动领域相分离，上述否定方式所创造的艺术世界及其全部真理依然还是一种特权和幻影。

尽管有各种民主化和大众化的趋势，艺术仍以上述形式从 19 世纪延续到 20 世纪。赞颂异化的“高层文化”拥有它自己的仪式和风格。沙龙、音乐厅、歌剧院设计出来是为了创造和唤起现实的另一种向度。它们的出现要求节日似的准备；它们中断并超越了日常经验。

现在，公开保存于艺术异化中的艺术和日常秩序间的重大裂隙，被发达技术社会逐渐弥合了。随着裂隙的弥合，大拒绝转而被拒绝；“其他向度”被占优势的事态所同化。异化作品被纳入了这个社会，并作为对占优势的事态进行粉饰和心理分析的部分知识而流传。这样，它们就变成了商业性的东西被出售，并给人安慰，或使人兴奋。

新保守主义对大众文化左翼批评家的批评，嘲笑把巴赫音乐贬低为厨房背景音乐的观点，嘲笑把柏拉图和黑格尔、雪莱和波德莱尔、马克思和弗洛伊德的著作扔进杂货铺的想法。与此相反，他们主张承认如下事实：经典著作已离开阴森的陵庙而获得了再生，人民也因此而获得了更多的教益。的确，它们作为经典著作获得了再生，但它们是改变了其本来面目才得以再生；它们被剥夺了曾是其真理向度的对抗性力量和疏远现实的特征。这些作品的涵义和作用因而已被根本改变。如果说它们曾与现状相矛盾的话，矛盾现在也已平息。

不过，这种同化从历史角度看时机尚未成熟；它一面维护着统治，一面又确立起文化的平等。社会正在把封建贵族文化的特权和殊荣连同其内容一起根除。优秀艺术的超越性真理、生活和思想的美学曾经只能为极少数富裕者和有教养者所享受，这是压制性社会的过错。此过错并没有由于推行平装书、普通教育、慢转密纹唱片和废除剧院、音乐厅礼服而得到纠正。[1]但是，文化的各种特权一方面表示不公正的自由、表示意识形态同现实的矛盾以及精神生产同物质生产的分离；另一方面也提供了一个受到保护的王国，被禁忌的真理或许能够以抽象的形式(远离压抑它们的社会)幸存于这个王国中。

现在，艺术远离社会、冒犯社会、指控社会的特征已被消除。虽然，其文本及情调至今犹存，但那种使人能够呼吸来自其他星球的空气的间距已被克服。[2]艺术的异化已经成为同上演艺术的新型剧院和音乐厅建筑一样是从使用的观点来设计的。而且在这里，合理的东西和邪恶的东西也是不可分离的。毫无疑问，新型建筑是更好的建筑，例如，是比维多利亚时代那些庞然大物更漂亮、更实用的建筑。但它也是更加“一体化”了的建筑——文化中心变成了商业中心、市政中心或政府中心的适当场所。统治有它自己的美学，民主统治有其民主的美学。这是非常惬意的事情：现在差不多人人都可以随时获得优雅的艺术享受，只要扭动收音机的旋钮或者步入他所熟悉的杂货铺就能实现这一点。但在这种艺术的传播过程中，人们却成了改造他们思想的文化机器的零件。

艺术异化跟其他否定方式一道屈从于技术合理性的进程。如果它被

[1] 不要误解：就其作用而言，平装书、普通教育、慢转密纹唱片的推行真是一件好事。

[2] 斯特凡·格奥尔格，指阿诺尔德·勋伯格的《升 f 小调四重奏》。参见T·W·阿多诺：《新音乐的哲学》(蒂宾根，J·C·B·莫尔出版社，1949 年)，第 19 页以下。

视为技术进步的一个结果，那么此变化就展示了它的深度和不可逆程度。今天的社会重新规定人和自然的可能性，它根据的是现有实现可能性的新手段；由于这些新手段，前技术形象正在丧失它们的力量。

前技术形象的真实价值在很大程度上取决于人和自然的未被掌握和征服的向度，取决于组织和操纵的狭小范围，取决于抵制一体化的“硬核”。在充分发达的工业社会，这一硬核受到技术合理性的逐渐削弱。显然，世界的具体变化导致了其象征、形象和观念的精神变化。同样，当城市、公路和国立公园取代了村庄、峡谷和森林；当汽艇在湖面上飞驰，当飞机划破天空，这些地区也就随之而丧失了它们作为根本不同的现实、作为矛盾地区的特征。

矛盾，即“实际不存在”和“实际存在”的东西的合理对抗，是逻各斯的工作，因此它就必须有一种交流媒介。先锋派艺术为创作同现实相疏远的艺术(使艺术真理再次获得可交流性)而作出的努力，表现了为获得那种交流媒介而进行的斗争，或更确切地说，即是为反对被吸入居支配地位的单向性而进行的斗争。

B · 布莱希特概述过那些努力的理论基础。已确立社会的整体特征使剧作家面对如下问题：“用戏剧来表现当代世界是否仍有可能?”即是说，能否以使得观众对戏剧所表达的真理加以认可的方式来再现当代世界。布莱希特回答道，只有把当代世界看作变化的世界，[1]即看作将被否定的否定状态来加以再现时，当代世界的再现才有可能。这是必须了解、掌握和奉行的原则；但戏剧则是也应当是一种消遣和娱乐。消遣和获知并不是对立的：消遣可以是最有效的获知方式。要使人认识到当代世界隐藏在意识形态和物质面纱背后的真面目，认识到它是怎样发生变化的，戏剧就必须打破观众与舞台事件的同一。所需要的并不是移情作用和感受性，而是间距和反思。“疏远化的效果”是产生那种使世

[1] B · 布莱希特：《戏剧论集》(柏林-法兰克福，祖尔坎普出版社，1957年)，第7、9页。

界的本来面目能够得以认识的分离。“日常生活的种种事物被清除出自明的领域……”[1]“‘自然’的东西必须表现出非凡的特征。因果法则只能以这种方式来显明自身。”[2]

“疏远化的效果”不是强加给文学的。毋宁说它是文学自己对整个行为主义戏剧的回答，亦即拯救否定的合理性的尝试。在这种尝试中，伟大的“保守主义”文学与激进活动分子联合起来。保罗·瓦莱里坚持认为，诗歌语言对否定有着不可逃避的义务。使用这种语言的诗句“决不谈及没有露面的事物”。[3]它们谈及的是看起来没有露面、却作为受禁忌的可能性而时常出没于既定话语和行为领域的东西——它既非天堂又非地狱，既非善又非恶，而仅仅是“幸福”。因而诗歌语言谈及的是这个世界上的事物，即在人和自然中可见、可触、可听和不可见、不可触、不可听的事物。

由于诗歌语言是借助一种能够表现未露面者的手段来创造和发展的，它是一种认知语言，是一种推翻已得到确认的事物的认知语言。在诗歌的认知作用中，诗歌执行着伟大的思想任务：

努力使不存在的东西存在于我们之中。[4]

为“未露面事物”命名，就是破坏事物的现存名称；进而言之，就是一种不同的事物秩序对既定事物秩序的渗入，亦即是“一个世界的开端”。[5]

要表达这另一种秩序，即存在于世界之内的超越性因素，诗歌语言有赖于普通语言中的超越性因素。[6]然而，为保卫既定现实而全面调动

[1] B·布莱希特：《戏剧论集》，第76页。
[2] 同上书，第63页。
[3] 保罗·瓦莱里：《诗歌与抽象思维》，载《作品》(巴黎，加利马尔出版社，1957年)，第1卷，第1324页。
[4] 同上书，第1333页。
[5] 同上书，第1327页(关于音乐的语言)。
[6] 参见本书第七章。

起来的各种手段，已经把所有表达方式协调到如此程度，以致超越性思想的交流在技术上已经失去可能。自从马拉美以来就萦绕于艺术家脑际的一个幽灵，即不可能讲一种没有物化的语言、不可能交流具有否定性的思想的隐忧，今天已经不再是一个幽灵。它已经具体化为事实了。

真正的先锋派文学作品交流的是交流的断绝。随着兰波、达达派和超现实主义的出现，文学拒斥那种贯穿整个文化史并把艺术语言和普通语言拴在一起的话语结构。命题系统[1](以及作为其意义单位的句子)曾经是现实的两种向度借以相遇、交流和被交流的中介。最崇高的诗和最低劣的散文曾共同享有这一表达手段。然而，现代诗歌却“摧毁了语言的关系，并把话语带回到语词的水平”。[2]

这种语词反对统一的、合理的句子规则。它打破意义的既定结构，同时由于其本身逐渐成为一个“独立客体”而指谓一种难以忍受、自我摧残的领域——即一种不连续统。语言结构如此瓦解暗含着自然经验的瓦解：

> 自然变成孤寂而恐怖的各个客体的不连续统，因为它们只有一些实际的联结链环。没有人能为它们选择专门的意义、用法和用途。也没有人迫使它们去表示一种精神上的态度或意愿；这就是说，归根结底，没有人迫使它们去指一种感情……那些没有联结链环的语词客体曾以猛烈的破坏性力量为武装……那些诗歌语词把人排除在外。“现代风格”中不存在诗一般的人道主义：那种鲁莽的话语是一种充满恐怖的话语，它意味着语词述及的人与他人无关，而与那些最缺少人性的形象有关，如自然、天堂、地狱、祭品、稚气、癫狂、纯粹物体等等。[3]

[1] 参见本书第五章。

[2] 罗兰·巴尔特：《文学的起点》(巴黎，索义尔出版社，1953 年)，第 72 页。(我用楷体表示强调。)

[3] 同上书，第 73—74 页。

艺术的传统题材(如形象、和谐、色彩)似乎只是在可作取舍的上下文中作为“引文”和过去意义的残余而重新出现。因而，超现实的美术作品

> 把为功能主义所禁忌的东西聚集在一起，因为它背叛了作为物化及合理性中的不合理事物而出现的现实。超现实主义重新获得了为功能主义所否定的属于人的东西；那些扭曲的形象展示了为社会戒律所禁忌但为人们所向往的东西。因而超现实主义拯救了被废弃的东西，它是各种性质和风格汇集而成的相册；在这里，对幸福的要求使技术世界拒不予人的东西得到了升华。[1]

此外，B · 布莱希特的著作还使包含在浪漫主义和济慈作品中的“幸福希望”(皎洁的月光和蓝色的大海；动听的音乐和可爱的故乡；忠诚和爱情)成为政治酵素，从而保留了这种希望。他笔下的角色歌唱失去的乐园和难以忘怀的希望(“你看到索霍上空的月亮了吗，亲爱的?”“有那么一天，那天休息”，“那总是星期天”，“还有一只小帆船”，“老比尔包的月光，多么可爱”)。这支歌是一支充满残忍、贪婪、剥削、欺骗和谎言的歌。被欺骗者唱到了他们所受的欺骗，但他们懂得(或已懂得)受骗的原因；而且只是由于懂得了这一原因及怎样对付它们，他们才再次获得了他们梦寐以求的真理。

为在文学语言中恢复“大拒绝”而作出的努力，遭到了反被这些努力所要拒斥的东西吞并的命运。先锋派和垮掉的一代作为现代文学的典型，同样都具有令人愉快的作用，而又不使具有善良意志的人受良知责难。这种并吞的正当性由技术进步所证明；拒绝本身则被发达工业社会苦难的减轻所拒绝。清除高层文化是征服自然和逐渐征服匮乏的副产品。

---

[1] T · W · 阿多诺：《文学札记》(柏林-法兰克福，祖尔坎普出版社，1958 年)，第 160 页。

这个社会正在采取把可爱的超越性形象纳入无所不在的日常现实的办法来使其失去合法性。它那些难以解决的冲突在多大程度上变得可以驾驭——悲剧和浪漫传奇、原始梦想和焦虑在多大程度上被变成易受技术解决和处理的东西，这一社会就在多大程度上证明其自身。擅长心理描写的艺术家处理唐璜、罗密欧、哈姆雷特、浮士德，就像处理俄狄浦斯一样——为他们进行治疗。世界的统治者们正在失去他们形而上的特征。他们出现在电视、记者招待会、议会、公众意见听取会上，几乎无异于出现在广告剧上，[1]虽然他们的行为结果越出了广告剧的范围。

各种消除野蛮和不公正的方案正在由合理地组织起来的官僚机构加以实施，然而，这是根本看不见的。心灵内部极少含有那种不能加以理智地讨论和分析研究的秘密与渴望。孤居独处这一支持个人反对和远离社会的条件，在技术社会已经不再可能。逻辑和语言分析证明旧的形而上学问题是虚幻的问题；对事物的“意义”的寻求可以重新表述为对语词意义的寻求；而话语和行为的既定领域可以为这种回答提供完全充分的标准。

单单通过各种设施的影响和能力就使人无路可逃的世界，正是一个合理的世界。在同日常生活现实的关系方面，过去那些时代的高层文化曾经是多样化的东西——对立面和装饰品、怒号和顺从。但它又曾具有自由王国的外观：拒不循规蹈矩。如果没有似乎比拒绝更令人满意的东西作为补偿，这样的拒绝就不会受到阻止。征服对立面、达到一体化，在高层文化向低层文化转化的过程中，有其意识形态上值得夸耀的东西，而这一切都发生在人们得到进一步满足的物质基础上。同时这也是任那势不可挡的俗化趋势泛滥的基础。

艺术的异化即是升华。在此过程中，艺术创造的种种生活形象与既

[1] 传奇般的革命英雄依然存在，他甚至能够公然蔑视电视和新闻界——但他的世界是“不发达”国家的世界。

定现实原则不可调和；但作为文化形象，它们正在变成可以容忍甚至富有启发性和用处的形象。因此，异化了的艺术现在是站不住脚的。它们同厨房、办公室、商店的结合以及为生意和娱乐所发挥的广告作用，在某种意义上就是俗化——在直接满足调节下的还原。这是站在“强有力”的社会一边来推行的俗化趋势，该社会可以比先前许可得更多，因为，一方面它的各种利益已变成其公民内心深处的动力，另一方面它所赋予的各种欢乐也能促进社会的团结和满足。

快乐原则吞并现实原则；性欲以对社会有利的形式解放出来(确切地说是解除了官方控制)。这个看法暗示有一些压抑性的俗化方式存在；[1]相形之下，高尚的冲动和目的含有更多越轨成分、更多自由和对社会戒律的更多藐视。性的领域看来确实存在着压抑性的俗化趋势。就像高层文化中的俗化趋势一样，性领域中的俗化趋势是对技术现实进行社会控制的副产品。这一趋势一面扩大着自由，一面又加强着统治。要阐明俗化趋势同技术社会的联系，我们最好是讨论一下在本能的社会用途方面所发生的变化。

在这个社会中，花费在机械装置和相关事宜上的时间并不都是劳动时间(即并不令人愉快却又必不可少的苦役)，机器节省下来的能量也并非都是劳动力。机械化还“节省”力比多[2]，生活本能的能量，即是说，阻止它采用先前的实现方式。在现代旅游者同行吟诗人、艺术家之间，在流水装配线同手工劳动、城市同村镇、工厂生产的面包同家庭制作的面包、艇外推进器同帆船之间……所形成的具有罗曼蒂克色彩的鲜明对照中，上述情况是事情本质之所在。的确，罗曼蒂克的前技术世界充满着不幸、艰辛和污秽，而且它们又是全部快乐和欢欣的背景。但那时，还有“风景”存在，亦即有如今已不再存在的性欲经验的中介存在。

---

[1] 参见我的《爱欲与文明》(波士顿，灯塔出版社，1954年)，尤其是第10章(上海译文出版社2005年中文版)。

[2] 力比多(libido)意为性本能。——译者

随着那一中介的消失(这本身就是进步的一个历史前提)，人类能动性和被动性的整个向度都正在失去爱欲的特征。过去，人们几乎像看待自己身体延伸而成的地域那样在能使个人获得愉快的环境面前心驰神往。今天，这样的环境已急剧减少。接踵而来的，便是力比多的亢奋“领域”也相应减少。其实际效果就是力比多受到限制和约束、爱欲向性经验和性满足方向退化。[1]

举例来说，我们可以比较一下在草地上做爱与在汽车里做爱、恋人们在郊外漫步和在曼哈顿大街漫步的不同。在前者的情况下，环境分担并引起性亢奋，而且势必被赋予爱欲特征。这样，力比多便越出直接的性感应区，这是一个不受压抑的升华过程。与此相对，机械化的环境却阻止力比多自我超越。由于在扩大满足爱欲的领域方面受到强制，力比多超越狭隘性行为的能力和“多样性”变得愈来愈少，而狭隘的性行为则得到加强。

由于降低爱欲能力而加强性欲能力，技术社会*限制着升华的领域*。同时它也降低了对升华的*需要*。在精神设施中，人们所渴望的东西同准许得到的东西之间的张力似乎已大大减弱，现实原则似乎不再要求各种本能需要进行彻底而又痛苦的改造。个人必须使自己适应于一个似乎不要求他克制其内在需要的世界——即一个本质上没有敌意的世界。

因此，这个有机体正在为自发接受所给予的东西而预作准备。既然更为充分的自由导致的是本能需要的克制而不是扩张和发展，那么它的作用就有利于普遍压抑的现状而不是相反——人们不妨谈论“制度化的俗化”。后者看来在造成我们时代的专横个性方面是必不可少的因素。

人们常常注意到，发达工业文明的运行伴有较大程度的性自由——这里的“运行”是在后者变成一种市场价值和社会习俗的意义上来说

[1] 根据弗洛伊德后期著作中所使用的术语：性欲(sexuality)被视为“专门化的”局部冲动；爱洛斯(eros)则被视为整个有机体的冲动。

的。如果身体仍是一种劳动工具，它就会得到在日常工作世界和工作关系中展示其性特征的许可。这是工业社会无与伦比的成就之一。下述情况是使其成为可能的条件：减少肮脏和繁重体力劳动；现成的便宜而漂亮的衣着；美容术、身体卫生学；广告工业的需求等等。色情商店和女售货员，漂亮、精壮的年轻官员和公司巡视员，都是畅销的商品并为某些老板娘所专有——这曾经是国王、王后和贵族们的特权，这些情况助长了商业共同体内那些更不高贵的职业的兴旺。

仍然流行于艺术中的功能主义对上述趋势起了推波助澜的作用。商店和办公室通过巨大的玻璃窗来敞开自己，并显示自己的班底；高高筑起的室内柜台及不透明的隔板正在被取消。在大片大片的公共住宅和郊外别墅区，对隐私的窥视，打破了先前把个人生活与公众生活分隔开来的壁障，并更加容易地暴露出他人的妻子和他人的丈夫的引人之处。

社会化并不与环境失去爱欲特征的趋势相矛盾，而是它的补充。性被纳入工作和公共关系之中，并因而变得更易于得到(受控制的)满足。技术进步和更舒适的生活使性欲成分有可能有步骤地融入商品生产和交换领域。但不管本能能量的调动会怎样受到控制(有时达到了能对力比多加以科学管理的地步)，也不管本能能量会在多大程度上起到维护现状的作用，对于受管理的个人而言，它还是在给人以满足，这正如竞赛用艇、动力刈草机和高速行驶的汽车使人感到有趣一样。

力比多的动员和管制可以解释自愿的顺从态度，可以解释恐怖气氛的消失，还可以解释个人需要同社会要求的愿望、目标及抱负之间的前定和谐。发达工业文明对人们生活中的超越性因素进行技术征服和政治征服的特征，在本能领域内也表现了出来：使人屈服并削弱抗议的合理性的满足。

社会准许、人们也确可以指望的满足范围，今天已大大地扩大。但由此达到的满足却使快乐原则被减弱——拒不与既定社会相调和的权利被剥夺净尽。快乐因而被调整来为产生顺从态度而服务。

同调整过的、俗化的快乐相对照，升华维护着压抑性社会加诸个人的拒绝意识，因而也维护着解放的需要。可以肯定，一切升华都是由社会力量来实施的，但这一社会力量的不幸意识已克服了异化。还可以肯定，一切升华既接受了社会为阻止本能的满足而设置的壁障，又越过了这一壁障。

超我在审查无意识并培植良心时，也审查审查者；因为得到发展的良心不仅注意个人所干的受禁止的丑事，也注意社会所干的受禁止的丑事。反之，良心的丧失则根源于一个不自由社会所赋予的使人感到满足的特权。因此，良心的丧失有助于产生一种促使人们对社会罪行持肯定态度的*幸福意识*。它是自主性和理解力正在衰退的标志。然而，升华却要求有一种高度的自主性和理解力；它是意识和无意识、首要程序和次要程序、理智和本能、弃权和造反之间的中介。所以，在其最为成熟的方式中，例如在艺术作品中，升华成了抵抗镇压而又屈服于镇压的认知力量。

从升华的认知功能来衡量，蔓延于发达工业社会的俗化趋势便显露出它真正的顺从功能。性欲(和攻击本能)的解放，使本能冲动摆脱了大部分不幸和不满意识，这种意识说明既定满足领域存在压抑性力量。无疑，不幸意识依然普遍存在；幸福意识还相当脆弱，它只是蒙在恐惧、挫折和厌恶之上的一层薄薄的表皮。但不幸意识容易为政治所利用；由于毫无意识发展的余地，它可以为新型的法西斯主义生死方式贮存本能力量。而且，这里有许多途径可以使处于幸福意识之下的不幸意识转变成加强和巩固社会秩序的源泉。不幸的个人所具有的种种抵触情绪，现在似乎远比造成弗洛伊德所谓“文明中的不满”的那些情绪更好治愈；用“我们时代的神经质个性”来定义它们，看来比用爱洛斯和腾纳托斯的永恒斗争来定义它们更为恰当。[1]

受控制的俗化趋势用以削弱本能对既定现实原则的反抗的途径，或

[1] 爱洛斯和腾纳托斯分别为希腊神话中的爱神和死神。——译者

许可以用下述办法来加以阐明，即比较古典派和浪漫派文学同当代文学在性描写方面的差异。如果人们从那些就其实质和内在形式而言受爱欲信念支配的著作中挑选出下述那些根本不同的例子，诸如拉辛的《菲德拉》、歌德的《亲和力》、波德莱尔的《恶之花》、托尔斯泰的《安娜·卡列尼娜》，性欲一律是以高尚的、“间接的”、反省的形式出现的——尽管如此，它仍然是绝对的、不屈不挠的、放纵无羁的。爱洛斯的统治一开始就同时是腾纳托斯的统治。因此，完满即是毁灭，不过不是在伦理学或社会学意义上，而是在本体论意义上来说的。它处在善恶的彼岸，处在社会道德的彼岸，因而它也处在既定现实原则所能及的范围的彼岸，这个范围被爱洛斯拒斥和打破。

与此相对，俗化的性欲充斥于奥尼尔笔下的酒徒和福克纳笔下的野蛮人的行为之中，充斥于《欲望号街车》、《热铁皮屋顶上的猫》和《洛丽塔》之中，充斥于所有关于好莱坞和纽约的放荡故事、关于土里土气的家庭主妇的冒险故事之中。这些作品中的性欲描写更加生动，更加富有挑逗性，更加放荡不羁。它是它那个社会的重要组成部分，因而不再具有否定性。所发生的只是狂放和淫秽的、讲究生殖力和趣味性的乌七八糟的事情。但正因为如此，它是完全无害的。

过去，高尚的形式(指故事的叙述风格和语言)曾是跟现实格格不入的那些梦想的标志。今天，由于解除了这种形式，性欲成了关于压抑的畅销书的一种工具。人们要想用巴尔扎克描写妓女埃斯黛尔的笔调来描写任何当代文学中的性感女人已经是不再可能的了；埃斯黛尔所不断萌发的不过是温情而已。这个社会把它所接触到的每一样事物都转变成进步与开发、苦役与满足、自由与压迫的潜在来源。性欲也未能幸免。

受控制的俗化概念，暗示受压抑的性本能和攻击本能存在同时释放的可能性。这种可能性似乎同弗洛伊德关于可在两种基本冲动之间分配的固定本能能量的说法是不相一致的。在弗洛伊德那里，性本能的加强一定会导致攻击本能的减弱；反之亦然。但是，假如性欲的释放虽得到社会的许可和鼓励却仍是局部的、褊狭的，那么这样的释放就无异于对爱欲能量的限制，由此而来的俗化趋势也将与既粗俗又高尚的攻击性形式的发展步调一致。后者正蔓延于当代工业社会。

那么，当人们对自己在全国性常备状态中所遇到的毁灭和分裂的危险习以为常时，攻击性形式的发展是否已实现了正常化呢？或者，人们对上述危险之所以采取默许态度是否应全部归咎于他们的软弱无力呢？总之，可以避免的、人为的毁灭危险现在业已成为人们日常精神生活和物质生活中的正常成分，因而它再也不能用于指责或拒绝已确立的社会制度。而且，作为日常生活的一部分，它甚至还可以把人们同该制度拴在一起。纯粹的敌人与高生活水准(以及理想的就业水平!)之间的经济、政治联系如此明显，但又是如此合理，以致它完全是可以接受的。

假定破坏性本能(归根到底是死亡本能)是用以对人和自然进行技术征服的能量的一大组成部分，社会日渐增长的操纵技术进步的能力就同时增长着社会*操纵和控制破坏性本能*的能力，即增长着社会“创造性地”满足破坏性本能的能力。这样一来，社会内聚力将从本能的最深处得到加强。而人们迎接战争迫近和爆发的态度则将不仅是无可奈何的接受，也还会有受害者们发自本能的喝彩。由此可见，我们在这里也碰到了受控制的俗化趋势。

制度化的俗化趋势似乎是单向度社会在“征服超越性”方面所取得的成就之一。正如这个社会在政治和高层文化领域内势必会减少，甚至消除对立面(本质上不同的对立面!)一样，在本能领域内也是如此。结果便是思维器官在把握矛盾和相反可能性方面发生退化，同时，在单向度的技术合理性中*幸福意识*逐渐占据压倒一切的优势。

这一结果反映了如下信念：现实的就是合理的，已确立的制度不管如何终会不负人们所望。人们被引导到生产机构中去寻找其个人的思想和行为能够且必须任之摆布的有效动因。在这一转变过程中，生产机构充当着道德动因的角色。良心则依靠物化、依靠事物的普遍必然性而得到解脱。

在事物的普遍必然性中，负疚感全然没有地位。一个人可以讲出杀害成千上万人的预兆，然后据此宣称他不受良心的折磨，从而愉快地生活下去。在战场上击败法西斯主义的反法西斯力量，可以摘取纳粹科学家、战略家和工程师的果实；他们拥有后来者的历史优势。随着集中营而出现的恐怖的东西，现在成了训练人们应付非常状态的实践——隐蔽的生活以及天天摄取沾有放射性物质的食物。一个基督教教士宣称，使用各种有效手段去防止邻居钻进自己的防空洞，这与基督教原则并不矛盾。另一个教士反对他的同行，认为这样做与基督教原则相矛盾。谁是正确的呢？技术合理性既向人们显示了它超乎于政治之上的中立性，又向人们显示了其中立性的虚假；但在这两种情况下，技术合理性的中立特征都对统治术有用。

> 集中营的世界……并不是一个罕见的畸形社会。我们在那里看到的是我们每天都被抛入的地狱的形象，在某种意义上，是它的典范。[1]

即使最骇人听闻的越轨行为看来也是可以用下述方式来制止的，即让它们追逐各种实际目的而不再构成对社会的威胁。或者，就是它们的爆发导致了个人心理功能的失调(如一个在广岛投下原子弹的飞行员)，那也不会带来社会的功能失调。有一种精神病医院专门对付个人的心理功能失调。

幸福意识没有限度，它可以安排同死亡和畸变相联系的游戏；在这些游戏中，娱乐、合作和战略重要性都与会给人好处的社会协调有关。集奖学金、科研、军事、气候和好生活为一体的兰德公司，在《兰德新

[1] E·尤内斯库语，载《新法兰西评论》，1956年，7月号；被引在1960年3月4日的《泰晤士报文学副刊》上。赫尔曼·卡恩在1959年兰德研究(RM—2206—RC)上提出："研究应该注意那些残存在拥挤不堪的避难所一样的环境中的人们(如集中营，俄国和德国对拥挤不堪的汽车、运兵船和监狱的利用)。可以发现一些有用的、适宜于掩蔽计划的指导原则。"

闻》第9卷第1辑上，以“安全比不幸好”为题，用一种不令人喜爱的风格报道了那样一些游戏。火箭正在飞驰，氢弹已经整装待发，宇宙飞船正翱翔于星际空间，问题是：“怎样保卫国家和自由世界”。在所有这些情况下，军事计划制定者都很焦急，因为“把握时机的代价和做实验、犯错误的代价可能都高得可怕”。于是“兰德”开始粉墨登场；“兰德”给人以宽慰；“兰德安全之类的忠告四处出现”。不过，展现在人们眼前的这些忠告没有分门别类。它是这样一幅画面，在上面“世界变成了一张地图，导弹仅仅是一些符号[符号论的镇定力量万岁!]，而战争仅仅是[仅仅]写在纸上的计划和计算……”。在这幅画面上，“兰德”把世界变成了一场有趣的技术游戏，人们能够从中得到放松——“军事计划的制定者们可以获得‘摹拟性的’经验而无需冒险”。

请玩游戏吧

要理解游戏，就必须参加游戏，因为理解是“在体验中”理解。

由于“安全”的游戏者几乎来自“兰德”和“空中力量”的每一个部门，所以我们在蓝队中可以发现物理学家、工程师和经济学家。红队也具有相似的构成。

第一天用来向双方简要介绍游戏注意事项和规则。当他们终于在各自的房间里围着地图坐下来时，游戏就开始了。每个队都从游戏指导那里接受它的政策说明书。这些说明书通常由管理组的成员准备好，它们对游戏进行时代的世界局势作出估计，并提供有关对方的政策、对方面临的目标和提出的预算的信息。(这些政策因各种游戏探索战略可能性的广阔范围而改变)。

在我们假定的游戏中，蓝队的目标是保存贯穿游戏始终的威慑能力，即是说，保存一种能够回击红队、以使红队不愿冒险发动攻击的力量。(蓝队也接收到某些关于红队的政策的信息。)

红队的政策是要取得对蓝队的优势。

蓝队和红队的预算在实际国防预算方面相互匹敌……

下面这些话是非常中听的：自从1961年以来这种游戏在兰德公司一直没有间断过，“到我们迷宫似的地下室来——在快餐酒吧的某个地方”，“红队和蓝队房间墙上的清单排列着各队所购买的现成的武器和武器装备……总共约有70项”。这儿设有一个“游戏指导”，他专门解释游戏规则，因为，尽管“备有图解和说明的规则书长达60页”，在游戏过程中仍不免会有这样那样的问题产生。游戏指导的另一个重要作用是：“假如没有先前申报的那些游戏者”，他就负责“介绍战争情况，以使人们掌握现有军事力量的战斗力”。接下来，字幕上就宣布“咖啡、糕点和想法”。放松！“游戏延续了整整一个时期，直到1972年结束。然后蓝队和红队在‘事后的’一段时间里为咖啡和糕点而握手言和，一起坐了下来。”但是，不要放松得太多：这里存在着“一种实际世界的局势，它不能有效地转入‘安全’中来”，那是——“谈判”。对此我们表示感激：人们在实际世界中的希望是远非“兰德”所能实现的。

很显然，在幸福意识的领域内，负疚感没有地位，人们意识中一些冥顽不化的东西清除了良心。当整个社会处于危险中时，除了反对这一整体或者说不保卫这一整体之外，就不存在什么犯罪。于是，犯罪、罪过、负疚感变成了一种私人事务。弗洛伊德曾经在个体心理中揭示了人类的犯罪，在个体病史中揭示了社会整体的病史。今天，个体和社会整体的这种联系已被成功地压制。那些使自己与社会整体相一致并处于其领导者和保卫者地位的人，可能犯下错误，但不会干出坏事，他们是无罪的。当他们与整体不再一致，当他们不再抱有什么希望的时候，他们才会是有罪的。

第四章

话语领域的封闭

在历史现状中，一切政治著作都只能起到巩固一个警察世界的作用；同时，一切理智著作都只能产生那种不再敢说出自己名称的副文学。[1]

——罗兰·巴尔特

幸福意识，即相信现实的就是合理的并且相信这个制度终会不负所望的信念，反映了一种新型的顺从主义，这种顺从主义是已转化为社会行为的技术合理化的一个方面。它之所以是新型的顺从主义，是因为其合理性达到了前所未有的程度。它对这样一个社会起着支持作用，这个社会是一个已经减少了(而且在其最发达地区已经消除了)先前那些历史阶段所具有的、更原始的不合理性的社会；是一个比以前更有规律地延长和增加其寿命的社会。毁灭性战争尚未爆发；灭绝人性的纳粹集中营已经荡然无存。幸福意识拒绝联想。严刑拷打只在发生于文明世界边缘的殖民战争中才得以重新作为一种正常事情而出现。在那里，它的实施并不违背良心，因为战争就是战争。甚至连那种战争也只发生在发达国家的边缘——它只蹂躏“不发达”国家。与此相反，发达国家却过着太太平平的生活。

社会的效益和生产力每天都在为这个社会所获取的统治人的权力开脱。如果社会同化它所接触的每一件事物，如果它吞并对立面、利用矛盾，那是在显示它的文化优势。同样，资源的破坏、浪费的增多是在显示它的富裕和“高水平的福利”；“这个社会富裕到了人们可以无忧无虑的地步!”[2]

全面管理的语言

这种建立在社会不幸基础之上的福利和生产结构，把自己的影响渗透到了在主人和其依附者之间起调解作用的“中介”中。社会宣传机构塑造了单向度行为表达自身的交流领域。该领域的语言是同一性和一致性的证明，是有步骤地鼓励肯定性思考和行动的证明，是步调一致地攻击超越性批判观念的证明。在流行的演说方式中，双向度的、辩证的思考方式同技术性行为或社会“思想习惯”之间的差异十分明显。

在社会思想习惯的表达式中，现象和实在、事实和动因、实体和属性之间的紧张逐渐隐没。意志自由、发现、证明和批判的要素在指谓、断定和模仿时不起作用。魔术似的、专横的、礼仪的要素充斥于言语和语言之中，话语的作为认知和认知评判发展阶段的那些中间环节被剥夺。曾经把握了事实并因而超越了这些事实的概念正在失去其可靠的语言表现力。由于缺少中介环节，语言必然表达和促进理性与事实、真理与被认定的真理、本质与实存、事物与它的功能之间的直接等同。

这些作为操作主义特征而出现的等同，还作为社会行为中的话语特征而重新出现。语言的功能化有助于从言语的结构和活动方面来击败非

[1] 副文学指与传统文学不同的文学，如科幻小说、推理小说等。——译者

[2] K·加尔布雷思：《美国资本主义》(波士顿，霍顿·米夫林出版公司，1956年)，第96页。

顺从要素。词汇和句法同样受到影响。社会通过语言材料来直接表达它的需求，但并非没有对立面；大众语言就是带着尖刻而轻慢的幽默来攻击官方和半官方话语的。俚语和俗语很少像现在这样有创造力。似乎正是普通人(或其无名的代言人)才会在其言语中表明其反对现存权力的人性；似乎正是在政治领域内降服了的拒绝和反抗才会在称呼事物名称的那些词汇中涌现出来，如“精神病医师”(headshrinker)、“知识分子”(egghead)、“电视”(boob tube)、“智囊团”(think tank)、“马上滚开”(beat it)、“很棒”(dig it)、“没有救了”(gone, man, gone)。

然而，国防实验室和行政办公室，政府和机器，记时员和经理，效率专家和政治美容厅(它为领导人进行适当的打扮)都讲不同的语言，并且一时看起来都拥有最新的术语。正是这些术语命令、组织、引导人们去做、去买、去接受。它们以这样一种语言模式来传播，这种语言模式在语言学上是一个真正的创造；是一种不在句子各成分之间留下张力和空间，从而省略和浓缩句子结构的句法。它与意义的发展是相冲突的。现在我将力图阐明这种语言模式。

操作主义的特征——使概念的意义等同于相应的一组操作——反复出现在如下语言学趋势中：即把事物的名称视为同时是对它们的作用方式的表示，把属性和过程的名称视为被用于察觉或产生它们的那些仪器的象征。[1]这就是势必会“使事物与其功能相等同”[2]的技术理由。

作为一种科技语言之外的思想习惯，这一理由正是特定社会行为主义和政治行为主义的表现。在这个关于行为的领域中，词和概念势必走向一致，或更确切地说，概念势必会被词吞并。前者所具有的内容只能是词在宣传和标准化的用法中所指称的东西；人们期望词所引起的反应只能是被宣传和标准化的行为(反应)。于是，词变成老生常谈，并作为老生常谈而支配演讲和写作；因此，交流阻止了意义的真正发展。

---

[1] 斯坦尼·吉尔：《语言和科学》，载《科学哲学》，1942年4月号，第156页。
[2] 同上。

可以肯定，任何语言都包含有许多不要求发展其意义的术语，诸如指称日常生活中的客体和器具、指称可见的特征、根本的需要和希求之类东西的术语。由于这些术语得到了普遍理解，所以单是它们的出现便能(在语言上或行动上)产生一种符合于讲述它们的实际情景的反应。

对于指称超出无争议范围的事物或事件的那些术语来说，情况是很不一样的。在这里，语言的功能化表示一种具有政治涵义的意义的省略。事物的名称不仅“指明事物发生作用的方式”，而且事物发生作用的(实际)方式也限定和“封闭”事物的意义，并把发生作用的其他方式排除在外。名词以一种专横的、极权主义的方式统治着句子，句子则变成为一个有待接受的陈述——它拒绝对其被编纂和断言的意义进行证明、限制和否定。

在公众话语领域的关节点上，自明的分析性命题似乎有着巫术仪式规程似的作用。由于不断被强行嵌入接受者的大脑，它们产生了把意义封闭在规则所给出的条件范围内的效果。

上面，我已经述及以命题形式出现在政治话语领域中的自明性假设。“自由”、“平等”、“民主”、“和平”之类的名词，分析起来暗含着一组特殊的属性；当讲到或写出这类名词时，它们的属性就会出现。在西方，分析判断是以这样一些术语来表示的，如自由企业、主动精神、选举、个人；在东方，则是工人和农民、建设共产主义或社会主义、消灭敌对阶级。但无论是在西方还是在东方，越出封闭性分析结构的话语都是不正确的或宣传性的，尽管实施真理的方式和惩罚的程度大不一样。在这种公众话语领域内，言语的运动方向是同义词和同语反复；事实上，它决不朝着质的差异的方向运动。分析性结构隔开了起支配作用的名词和它的那样一些内容，那些内容将使在政策及公共舆论的陈述中已被接受的名词用法失去合法性，或至少受到破坏。仪式化的概念被赋予了对矛盾的免疫力。

因而，自由的流行方式是奴役，平等的流行方式是强加给人以不平等；但这一事实不能够由对这些概念的封闭定义(按照形成各个话语领域的力量而封闭的定义)来表示。结果便是为人熟知的奥威尔[1]式语言(“和平是战争”、“战争是和平”等等)，它决不只是令人恐怖的极权主义语言。如果矛盾在句子中不是被澄清，而是被封闭在名词之中，那么含有这种矛盾的语言就无异于奥威尔式语言。把一个为保卫和发展资本主义的政党称为“社会主义的”，把一个专制政府称为“民主的”，把一种被操纵的选举称为“自由的”，这些例子都具有早在奥威尔之前就已为人熟知的那种语言学和政治学特征。

今天的新颖之处在于，公众和私人舆论一方面普遍接受这些谎言，另一方面又压制其中的异己因素。这种语言的传播和影响是社会对自身各种矛盾取得的胜利的证明；它们在不危害社会制度的前提下不断地被再生产出来。倒是那种赤裸裸的、十分显著的矛盾被转变成演讲和宣传手段。省略句法通过把对立面融合进一个既牢固又熟悉的结构来宣扬对立面的调和。所以我将力图表明，“无放射性尘埃的炸弹”和“无害的放射性尘埃”只是常规语言模式的一些极端产物。一旦对根本违反逻辑的现象加以考虑，矛盾就立刻表现为一种操纵的逻辑原则，即一幅逼真的辩证法的漫画。能够不要逻辑并玩弄破坏手段正是一个社会的逻辑，一个对人和物都进行技术控制的社会的逻辑。

使对立面得到调和的话语领域，拥有为对立面的一致服务的牢固基础——即有好处的破坏性。全面的商业化把先前那些对立的生活领域结合起来，它们的一致在成功地把相互冲突的言语成分连接起来的语言形式中得到了表现。对于一个尚未被充分限制的头脑而言，许多公众演讲和绘画似乎都是十足的超现实主义的。像“工人正在追求导弹的和谐”[2]之类的标题，又像“豪华的放射性掩体”[3]之类的广告，都可以激起一些自然的联想：“工人”、“导弹”与“和谐”是不可调和的矛

[1] 乔治·奥威尔(1903—1950)，英国小说家和讽刺作家，最著名的作品有《动物庄园》(1945年)和《1984年》(1949年)。——译者

[2] 《纽约时报》，1960年12月1日。

[3] 同上书，1960年11月2日。

盾，没有什么逻辑和语言能够正确无误地把豪华和放射性尘埃结合在一起。然而，当我们了解到“载有弹道导弹的核潜艇”“标价 1.2 亿美元”，同时还了解到花资 1 000 美元的掩蔽模型备有“地毯、涂抹画和电视”时，上面那种逻辑和语言便变得完全合理了。其合法性并不首先在于这种语言有自己的市场(现在看来放射性企业的处境当时并没有这样美妙)，而在于它促进了特殊利益和普遍利益、企业和国家权力、繁荣和毁灭的可能性之间的直接同一。如果一个剧院宣告，斯特林堡的《死魂舞》是“大选前夜的特别节目”，[1]那只是碰巧泄露了事实的真相而已。因为它采用了一种比通常为人们所承认的更少意识形态因素的形式来揭示二者的联系。

给商业和政治体制打下烙印的对立面的一致，是使话语和交流免受抗议和拒绝语句影响的许多方式之一。当既定秩序的喉舌承认并宣扬和平实际上是战争的边缘、基本武器的价格有利可图、炸弹掩体可以表示舒适的时候，怎样才能找到正确的抗议和拒绝的词语呢？在展示作为其真理标志的矛盾过程中，此种话语领域把自身封闭起来而把他种话语统统排斥在外。同时，由于具有按照自己口味来同化一切异己说法的能力，此种话语领域可以提供最大可能的宽容与最大可能的统一相结合的前景。虽然如此，它的语言还是表明了这种统一的压抑特征。因为，它的语言在强加于听众的结构中表达的是被歪曲、被省略的意义，表达的是其发展受到阻碍的内容和对以给定形式被给定的东西的接受。

分析判断就是这样一种压抑性的结构。由于专有名词几乎总是配有同样的“解释性”的形容词和定语，句子因此而变成一种令人昏昏欲睡的公式。经过无休止的重复，它把意义牢牢地嵌入听众的头脑之中。听众没有想到对名词进行根本不同的(可能是真实的)解释。后面我们将考查另一些展现这种语言的极权主义特征的句法结构。它们共同拥有一种

[1] 《纽约时报》，1960 年 11 月 7 日。

叠进和省略的句法，此种句法创造出把有慑服力的、僵硬的具体性强加给自身的凝固形象，从而切断了意义的发展。它是广告工业的惯用技巧，被巧妙地用来“塑造一种”紧紧抓住人的意图和产品、有助于宣传和推销商品的“形象”。言论和写作就是围绕传播这种形象的“冲击路线”和“听众唤起者”而组织的。此种形象可以是“自由”、“和平”、“好小伙子”、“共产主义者”或“莱茵仙女”[1]。读者和听众被期望会把这些形象与制度、态度和愿望的一种固定结构联系起来，被期望以一种固定的、专门的方式作出反应。

在相对无害的商业领域之外，后果十分严重，因为这样的语言同时既是“恐吓”又是“祝福”。[2]各种命题都采取启发式命令的形式，它们是召唤性的而不是指示性的。称谓变成指定；整个交流具有一种催眠的特征。同时它还染上了虚假的亲昵色彩，这是不断重复的结果，是大众交流的直接性受到巧妙操纵的结果。交流的这些情况直接牵涉到接受者——不存在地位、教养和职务的差距——并在起居室、厨房和卧室的随便气氛中给他或她以打击。

在发达交流形式中发挥重要作用的人格化语言，也建立起相同的亲昵感。[3]例如，它是“您”的国会议员，“您”的公路，“您”喜爱的杂货铺，“您”的报纸；又如，它是“为您”而生产的，它邀请“您”，等等。通过这种方式，强加于人的、标准化的、普通的事物和作用被描绘成“专门为您的”。无论人们相信它与否都无关紧要。它的成功表明：它促进了个人对自己和他人所起的作用的自我认同。

在功能性的、受操纵的交流的最发达地区，语言以一种引人注目的方式把人和功能的强制性同一强加给人们。《时代周刊》可以作为这一

[1] “莱茵仙女”是北欧神话中秘藏在莱茵的黄金的守护人。黄金后来为尼柏龙矮人和西格里夫特获得。——译者

[2] 罗兰·巴尔特：《文学的起点》(巴黎，索义尔出版社，1953年)，第33页。

[3] 参见L·洛温撒尔：《文学、大众文化和社会》(普伦蒂斯-霍尔公司，1961年)，第109页以下。又参见R·霍加特：《识字的用途》(波士顿，灯塔出版社，1961年)，第161页以下。

趋势的突出范例。它那有变化的所有格用法，使得个人好像仅仅是其处境、职业、雇主或企业的附属物和专有财产。个人得到这样的介绍，如，弗吉尼亚的伯德，美国钢铁公司的布劳威，埃及的纳赛尔。使用连字号的定语结构创造出一组固定的特征：

> 佐治亚州那位手腕高(high-handed)、教养低的(low-browed)州长……上周为他那狂热的政治集会准备了舞台。

这位州长[1]及其作用、身体特征和政治实践都被融合进了一种不可分割、不可变更的结构。这种结构在纯朴的、直接的状态中压服读者的心灵。它不为意义的区别、发展和差异留下余地：它只是作为一个整体而运动和生存着。由于受这种人格化的、具有催眠效果的形象所支配，文章可以提供甚至很重要的信息。文章的描述可以安然保留于按照出版政策的限定而精心编排的多少能够引人入胜的故事框架之内。

采用连字号的省略用法流传甚广。譬如，“眉毛浓密”(brush-browed)的讲述者，“氢弹(H-bomb)之父”，“雄壮的(bull-shouldered)导弹发射手冯·布朗”，“军事科学(science-military)宴会”[2]，“载有弹道导弹的核动力潜艇”(nuclear-powered, ballistic-missile-firing submarine)。上述句子结构，在把技术、政治和军事结合为一体的词组中出现得特别频繁，这或许不是偶然的。指谓完全不同范围和性质的术语硬行结成一个牢固的、坚实的整体。

其效果也是魔术般的、令人昏昏欲睡的，这是传播不可抗拒的矛盾的统一和一致性的那些形象的产物。因此，受人爱戴和敬畏的父亲、耗费生命的人，为毁灭生命而生产了氢弹；“军事科学”也作出了努力以

---

[1] 这句话与现任州长无关，而是指塔尔梅奇先生。

[2] 最后三个词引自《民族》，1958 年 2 月 22 日。

减轻对产生焦虑和苦恼的工作所怀有的焦虑和苦恼。此外，还有一些不用连字号的词组也具有同样的效果，如“冷战专家自由协会”[1]，“干净的炸弹”，并把这一切归因于道德完善和身体完善的破灭。讲说和接受这种语言的那些人似乎既不受任何事情的影响，又容易受任何事情的影响。连字号(明显或不明显的)并不总能调和那些不能调和的东西；这种组合艺术往往非常雅致——如“雄壮的导弹发射手”——或者表达一种威胁，或者表达一种鼓舞人心的原动力。但其效果都没有什么区别。这种令人惊叹的结构把在刹那间出现的暴力、权势、保卫、宣传的行动和行动者融为一体。我们看到的是在活动中且只在活动中的人或物，而不是其他。

注意下述缩略语：NATO(北大西洋公约组织)，SEATO(东南亚条约组织)，UN(联合国)，AFL-CIO(美国劳联-产联)，AEC(美国原子能委员会)，还有 USSR(苏维埃社会主义共和国联盟)，DDR(德意志民主共和国)等等。毋庸置疑，这些缩略语大部分都是合理的，并且其没有缩写的名称的长度也证明缩写是正当的。然而，人们侥幸可以在它们的某些部分中发现“理性的狡计”——缩略语可以有助于压抑那些不愉快的问题。NATO 不会使人联想到“北大西洋公约组织”所指的东西，即在北大西洋国家中间缔结的一项条约——在此情况下人们或许会追问有关希腊和土耳其为什么也是成员国的问题。USSR 是“社会主义”和“苏维埃”的缩写；DDR 是民主的缩写。UN 避免了对“联合”一词的过分强调；SEATO 使人们不去想到那些不属于它的东南亚国家。AFL-CIO 抹杀了曾经把这两个组织区分开来的那种政治上的根本差异；至于 AEC 只不过是众多管理机构中的一个。缩略语指称的是那种、也只是那种通过删

[1] 这是《生活》杂志的一项提议，引自《民族》，1960 年 8 月 20 日。按照戴维·萨尔诺夫的说法，建立这样一个学会的议案已提交国会。参见约翰·K·杰塞普、艾德莱·史蒂文森等人：《国家意愿》(在《生活》杂志编辑部的监督和帮助下出版，纽约，霍尔特、莱因哈特和温斯顿出版公司，1960 年)，第 58 页。

除超越性涵义的方式而制度化的东西。它的意义是被固定、被窜改和被搀杂进其他成分的东西。一旦它成为官方术语，并在普通用法中不断重复，又得到知识分子们的“认可”，它就会丧失一切认知价值，仅仅服务于对一种不可置疑的事实的认可。

这种文体有一种压倒一切的*具体性*。“与其功能相等同的事物”比与其功能相区别的事物更实在；对事物与其功能相等同的语言表达(以功能性的名词和各种省略句式为手段)，创造出一种妨碍差异、分离和区别产生的基本词汇和句法。这种语言往往把各种*形象*强加于人，并与各种*概念*的发展和表达相冲突。以其直接性和坦率性为手段，它阻挠人们用概念进行思考；因而它阻挠思考。因为概念并不把事物与其功能相等同。事物与其功能相等同很可能是合法的，也可能是操作概念和技术概念的惟一意义，不过操作和技术定义是概念用于专门目的的专门用法。进而言之，它们实际上消解了概念，并排除了概念中与消解方向相对立的内容。比操作用法更重要的是，概念*否定*事物与其功能相等同；它把事物的*存在状况*与事物在已确立的现实中偶然发挥的功能区别开来。

话语中拒绝区分二者的普遍趋势，是前几章所讨论的那些思想方式变化的表现——功能化的、省略的、统一的语言是单向度思想的语言。为了阐明它的新奇之处，我将简要地把它同超越行为领域并使语言范畴与本体论范畴发生关联的古典语法哲学相比较。

按照古典语法哲学，一个句子的语法主词首先是一个“实体”，而且在该句子所断定的主词的各种状态、功能和性质中它仍然是如此。它被有意无意地与它的种种谓词联系起来，但仍然与它们相区别。如果主词不是一个专有名词，那么它就不只是一个名词：它为一事物的*概念*命名，而句子则将该概念规定为一种特殊状态或功能中的共相。语法主词因而具有*超出*句子表达范围的意义。

用威廉·冯·洪堡的话来说：充当语法主词的名词指称的是能够

进入某些关系、[1]但并不等同于这些关系的东西。进而言之，此种东西既处于这些关系之中，又与这些关系“相对立”；它是它们的“共相”和独立的内核。命题的综合通过认定主体[2]为行动者(或载体)并将之与其偶然所成的状态或功能区别开来而实现行动(或状态)与主体的联结。在“雷电闪击”这句话中，人们“不仅想到耀眼的闪光，也想到发生闪击的雷电本身”，想到一个“已变成行动”的主体。如果一个句子要对它的主词下定义，它不应把主词消解在其状态和功能之中，而应将主词定义为处于该状态或实施该功能的存在。主词既不会消失在它的谓词中，也不会作为在谓词之前和之外的实体而存在，它就在它的谓词中构成它自身——这是句子所表达的一种中介过程的结果。[3]

上面我提到语法哲学，是为了阐明语言的省略在多大程度上反映出为它所巩固和加强的思想的省略。而强调语法中的哲学要素，强调语法和逻辑的“主词”同本体论的“主体”间的联系，则是为了突出在功能语言中被压制即不许表达和交流的那些内容。僵化形象中的概念省略；自明而又沉闷的公式对发展的限制；矛盾的免除；物(和人)与其功能的同一——这些趋势表现了语言中的单向度精神。

如果语言行为阻碍概念的发展，如果它反对抽象和中介，如果它屈从直接的事实，它就会拒绝认识事实背后的因素，并因而拒绝认识事实本身及其历史内容。在社会中并为了这个社会，功能化语言的组织是极其重要的；它充当着协调和从属的工具。一体化、功能化的语言是一种坚决地反批判、反辩证法的语言。在这种语言中，操作的、行为的合理性吞没了理性的超越性、否定性和对立的要素。

我将根据“是”与“应当”、本质与现象、潜能与实现之间的张力

---

[1] W · V · 洪堡：《论人类语言结构的差异》(柏林，重印本，1936 年)，第254 页。
[2] 此处的原文 subject 有主体和主词双重涵义。——译者
[3] 辩证逻辑中的这种语法哲学，请参见黑格尔《精神现象学》序言“作为主体的实体”和“思辨句子”等概念。

来讨论上述要素[1]——即讨论渗入肯定性逻辑限定中的逻辑的否定要素。这种得到认可的张力充满双向度的话语领域，即批判的、抽象的思考领域。而该领域的两种向度是相互对立的；现实同时具有这两种向度，辩证概念则发展着真正的矛盾。在其自身的发展中，辩证思维把矛盾的历史特征及其中介的作用理解为历史过程。因而，思想的“另一种”向度曾经似乎是*历史的*向度；按照那一向度，潜能是历史的可能，它的实现是历史的事件。

那一向度在操作理性的社会地盘内所受到的压制是一种*历史的*压制，而压制本身并不是一个学术事件，它是政治事件。它是对社会自身的过去和社会自身的未来的压制，因为未来引起质变并导致对现在的否定。使自由范畴可与其对立面相互替换、甚至等同的话语领域，不仅正在推行奥威尔式或伊索寓言式的语言，而且还在拒斥和遗忘历史的现实：法西斯恐怖；社会主义理想；民主的先决条件；自由的内容。如果一种官僚专政统治和规定着共产主义社会，如果法西斯政权作为自由社会的合作人而发挥作用，如果文明资本主义的福利纲领因贴上“社会主义”标签而被成功地击败，如果民主的基础在民主国家中被顺利地去除，那么老的历史概念就会由于重新进行最时髦的操作定义而失去效力。重新定义就是歪曲，因为它在现存权力和事实的影响下能够把虚假的东西变成真理。

功能性语言是一种极端反历史的语言：操作理性几乎不为历史理性留下地盘和发挥作用的机会。[2]这场反历史的战斗是反对一种内心向度的战斗的组成部分吗？即是反对指导离散因素和力量(它阻碍个人和社会全面协调)发展的内心向度的战斗的组成部分吗？回想过去会使人产生危险的见识，已确立的社会似乎理解记忆的颠覆性涵义。记忆是同

[1] 参见本书第五章。

[2] 这并不意味着历史(个人的或普遍的)从话语领域消失。过去常常被人们唤起：例如提到创始人，或引证马克思—恩格斯—列宁，或者讲起总统候选人的卑微出身。但是，被唤起的回忆也是仪式化了的，它不允许记忆内容的发展；单纯的召唤往往起到阻碍记忆内容发展的作用，而正是记忆内容的发展将表现出它的历史性错误。

既定事实发生分离的一种方式，是暂时打破既定事实无所不在的力量的一种“间接”方式。它使人回想起那已成往昔的恐怖和希望。恐怖和希望复活了，不过在现实中，恐怖一再以新的形式出现，希望仍然还是希望。在重新浮现于个人心头的那些个人事件中，人类的恐惧和愿望表明了自身的存在——那是殊相中的共相。因此，记忆所保存的正是历史。但它屈服于行为领域的极权主义力量：

> 没有记忆的人的幽灵……不只是衰落的一个方面——它与资产阶级社会中的进步原则有着必然联系。经济学家和社会学家如维纳·桑巴特和马克斯·韦伯曾把传统原则同封建主义社会形式联系在一起，把理性原则同资本主义社会形式联系在一起。这正好意味着先进的资产阶级社会把记忆、时间和回想当作过去的非理性残余来清除……[1]

如果发达工业社会正在扩展的合理性倾向于把时间和记忆的动乱因素当作“非理性残余”来清除，那么它也势必会清除包含在这种非理性残余之中的动乱的合理性。把过去作为现在来认识和叙述，妨碍思想通过已确立的社会(并在其中)发生功能化。它反对话语和行为领域的封闭；它为把封闭领域理解成历史领域从而打破和超越封闭领域的各种概念的发展提供了可能。批判思想由于同其反映的既定社会相对立而成为历史意识，照此而论，批判思想本质上正是判断。[2]它决不推行一种不偏不倚的相对主义，而是在真正的人的历史中寻求真与假、进步与倒退的标准。[3]过去与现在的中介揭示了曾经造成种种实际情况并决定生活道路、确立主仆分别的那些原动力；它设想种种界限和替代性选择。当

---

[1] T · W · 阿多诺：《对过去的处理意味着什么》，载《关于11月6日—7日威斯巴登教育者会议的报告》(法兰克福，1960年)，第14页。反历史的斗争将在第七章进一步讨论。

[2] 参见本书导言和第五章。

[3] 这些标准将在第八章中进一步讨论。

这种批判意识发言的时候，它讲的是能够打破封闭的话语领域及其僵硬结构的“认知语言”(罗兰 · 巴尔特语)。这种语言的关键术语都不是令人昏昏欲睡的名词、无休止地产生同样僵化的谓词的名词。相反，它们容许无限制的发展；甚至就是在矛盾的谓词中展开它们的内容。

《共产党宣言》是一个经典例子。其中有两个关键术语，资产阶级和无产阶级，二者都“支配”着一些对立的谓词。“资产阶级”是技术进步、自由、征服自然和创造社会财富的主体，也是滥用和毁灭这些成就的主体。同样，“无产阶级”既象征全面压迫，又象征压迫的全面失败。

在命题之中并通过命题而表现出来的对立面的辩证关系之所以具有可能，是由于把主体认作了历史的行动者；而这一行动者的同一性既处于其历史实践和社会现实之中，又与其历史实践和社会现实相对立。这样的话语是事物与其功能的冲突的发展和陈明，而事物与其功能的冲突则在把矛盾着的谓词糅进一个逻辑单位的句子中找到自己的语言表达式——客观现实的概念对应物。与所有奥威尔式语言相对照，矛盾因此而得到证明、澄清、解释和揭示。

上面我借助马克思主义的理论模式阐明了两种语言之间的差异，但批判和认知性质并不是马克思主义专有的特征。它们也可以在发展着的资产阶级社会的模式中找到(虽然是以不同方式)。譬如，伯克、托克维尔的语言和约翰 · 斯图亚特 · 密尔的语言都是高度指示性、概念性和“开放性”的语言，它们尚未屈从于当代新保守主义和新自由主义的催眠性、仪式性的公式。

话语的极权主义的仪式化在冒充辩证语言的地方倒是显得更加鲜明。竞争性的工业化需求、人对生产设施的全面屈从，表现在对马克思主义语言进行极权主义改造使之成为斯大林主义和后斯大林主义语言的过程之中。正如控制生产设施的领导所说，竞争性的工业化需求规定了正确与错误、真实与虚假的涵义。这些需求毫不为设计破坏性替代选择的议论留下余地。因此，改造后的辩证语言根本不再能够适用于“话语”。这种语言只是依靠生产设施的力量来宣判和认定各种事实——它是自我生效的宣告。在这里，[1]看来可以援引和解释罗兰·巴尔特用以描述其魔术似的极权主义特征的一段话："在命名和判断之间不再存在任何延搁，语言完全是封闭的。"[2]

封闭的语言不能够进行证明和解释——它传达决断、宣判和命令。当它下定义的时候，定义就变成"善与恶的分离"；它认定的正确与错误毋庸置疑，它确立的价值是评判另一种价值的标准。它在同语反复中运动，而同语反复则是些具有可怕效力的"句子"。[3]它们以一种"被预先判决的形式"来通过判决；它们宣告定罪。譬如，"客观内容"即"异端分子"、"修正主义者"之类术语的定义，就是刑法代码，这种有效性助长了如下看法：现存政权的语言是代表真理的语言。

不幸，上述情况还不是事情的全部。已建立的共产主义社会生产力的增长，也定下了鼓吹公民自由权的共产主义对立派别的罪行；试图召回并保存原初真实性的语言屈从于它的仪式化。按照诸如"无产阶级"、"工人代表大会"、"斯大林主义的国家专政"这类术语来进行谈论(和行动)的方向，变成了仪式化公式的方向；在这些公式中，"无产阶级"不再或尚未存在，"自下而上"的直接控制将妨碍大众生产的进步，反对官僚体制的斗争将削弱惟一能够真正动员起来在国际范围内反对资本主义的力量的有效性。在这里，过去被原封不动地保留下来，但并没有用现在来调节。人们反对那些包含历史情况的概念并阻止它们融入今天的实际——人们阻挠它们的辩证发展。

仪式化的极权主义语言遍布当代世界，遍布民主和非民主、资本主义和非资本主义的国家。[4]按照罗兰·巴尔特的说法，它是"极权主义

[1] 参见我的《苏联马克思主义》，第87页以下。
[2] 罗兰·巴尔特：《文学的起点》，第37—40页。
[3] 原文sentence亦含有宣判之意。——译者
[4] 联邦德国的情况请见美因河畔法兰克福社会研究所1950—1951年的专门研究著作：《群体实验》(波洛克编，法兰克福欧洲出版处，1955年)，尤其参见第545页以下。又参见卡尔·科恩：《在被管理世界中的语言》，它适用于两个德国(法兰克福，海因里希·舍夫勒出版社，1958年)。

体制”的语言，今天，在发达工业文明的势力范围内，有不处于极权主义制度统治下的社会吗？各种各样制度存在的实质，已不在于使人们能够选择不同的生活方式，而在于使人们能够选择不同的操纵和控制技术。所以，即便语言传播的是消息而不是命令，要求的是选择而不是忠顺，是自由而不是屈从，语言本身也仍然是一种控制手段，而不仅仅是控制的反映。

语言的控制是通过下列途径来实现的：减少语言形式和表征反思、抽象、发展、矛盾的符号；用形象取代概念。这种语言否定或吞没超越性术语；它不探究而只是确认真理和谬误并把它们强加于人。不过，这种话语并不是恐怖分子的话语。假定听众相信或不得不相信人家告诉他的东西，似乎是没有根据的。确切地说，魔术似的仪式化语言的新颖之处就在于，人们一方面并不相信或关心人家告诉他的东西，另一方面却仍然在根据它行动。所以，人们并不“相信”操作概念的陈述，但人们工作、买卖及拒不倾听其他说法的行为又使这种陈述得到了辩护。

如果政治语言势必变成广告语言，并因而在先前所说的那两个根本不同的社会领域之间起到架设桥梁的作用，那么这一趋势就似乎表明了技术社会中统治和管理在多大程度上已不再是互不相干的功能。不过，这并不意味着职业政治家的权力已经削弱。情况恰恰相反。他们宣扬要对付的挑战越带普遍性，全面毁灭的周围世界越是正常，他们就越是能摆脱人民主权的有效控制。而且，他们的统治已经融入公民们的工作和娱乐。政治的“符号”也是商业、贸易和娱乐的符号。

语言的荣枯兴亡在政治行为的荣枯兴亡中有其对应物。在防弹掩体中出售娱乐和游戏器材，在电视中放映有关国家领袖竞选人的节目，这一切都表明，政治、商业和娱乐已完全结合在一起。然而它们的结合还带有欺骗性和严重的不成熟特征——商业和娱乐仍然是统治的策略。因此，这不是悲剧之后的讽刺剧，不是悲剧的结局——悲剧可能刚刚开始。而且，只有将成为仪式牺牲者的那种人才能在其中充当主角。

全面管理的研究

功能性交流只处于单向度世界的外层，人们在单向度的世界里受到忘记过去的训练，受到把否定事物说成肯定事物的训练，以便能够在自己已经退化但又十分适应和健全的情况下继续发挥作用。言论自由和思想自由的制度并不妨碍精神同已确立现实的协调。思想本身及其功能和内容正在发生势不可挡的物化。个人同社会的协调延伸到精心制作概念的那些心灵层次，而概念的任务则被指定为理解已确立的现实。这些概念减少了它们的理智传统，并被转译为操作术语——这一转译的过程削弱了思想的否定力量，故而能够缓解思想和现实间的紧张关系。

这是一种哲学的发展，为了阐明它在何种程度上打破了传统，下面的分析不得不愈来愈抽象和思辨。正是这一同实际社会离得最远的领域，能够最为清楚地表明思想被社会征服的程度。此外，分析还将不得不追溯哲学的历史传统，并考察打破传统的那些趋势。

然而，在进行这样一种哲学分析之前，作为向更抽象、更思辨领域的过渡，我将简要讨论处于经验研究中间领域的两种样板(我认为它们具有代表性)，它们直接与发达工业社会的特有条件有关。语言或思想、词或概念、语言分析或认识论分析的问题——这些有待讨论的问题自身是反对对之作出如此分明的学术区别的。把语言分析同概念分析区分开来本身就是一种思想转折，这种转折是下一章力图解释的内容。由于这里的经验研究批判是为随后的哲学分析预作准备的(并且以它为根据)，因而，首先阐明引导批判的“概念”一词的用法有助于讨论的深入。

“概念”用于指称某物的心理表象，人们把它理解、领会并且认作为一个反映过程的结果。它所反映的事物可以是日常实践的一个对象，一种处境，一个社会，一本小说。总之，如果事物得到理解，它们就变成思想的对象；在这个意义上，它们的内容和意义既同于又不同于直接经验的真实对象。“同”是因为概念指的是同样的事物；“不同”则是因为概念是一个在他物的框架内(并按照他物)来理解此物的反映过程的结果；这里的他物并不曾出现在直接经验中但却“解释”此物(也即起到一种中介的作用)。

如果概念决不指称某一特殊的、具体的事物，如果它总是抽象的普遍的，那是因为概念所把握的不止也不同于一个特殊事物，它所把握的是普遍的条件或关系，这种普遍条件或关系对于特殊事物具有本质性的意义，它决定特殊事物作为具体经验对象而出现的形式。如果关于任一具体事物的概念是思维分类、组织和抽象的产物，那么这些思维过程便会导致综合，因为它们在普遍条件和关系中重构特殊事物，并因此超越特殊事物的直接现象而进入它的实在。

此外，一切认知概念都具有一种*传递的意义*：它们远不止是对特殊事实的描述性指云。如果事实是社会事实，认知概念还会超出任何特殊的事实范围，而深入到各个社会赖以存在的过程和条件的内部，深入到造成、维系和摧毁各个社会的所有特殊事实的内部。借助于同这一历史总体性的关系，认知概念超越了所有操作性的上下文关系。不过它们的超越是以经验为依据的，因为超越即是按照事物的实际面目来表现可认知的事实。

“超出”操作概念范围的那部分意义，能使人们分清准许人们用以去经验事实的那种有限的、甚至欺骗性的形式。因而它能使人们看清以下这一切：在概念与直接事实(具体事情)之间、指涉概念的词与指涉事物的词之间存在着的紧张、差异和矛盾；“普遍实在”的观念；把概念当成思维手段，把普遍概念转译成有关特殊的、客观的语词对象的术语的思维方式及其无批判的顺从性。

在这些概念支配着对个人或社会、精神或物质等人类现实的分析的地方，它们达到了一种虚假的具体性——与构成其现实的条件相脱离的具体性。在此种情况下，概念的操作处理具有一种政治功能。个人及其行为是在治疗意义上得到分析的——为的是使他同他的社会相适应。思想和表达，理论和实践，将被引导到同人们的生存事实相一致的路线上来，于是对这些事实的概念批判不再有任何余地。

当概念思维逐步成为在现存社会制度内探究和改善现存社会条件的手段时，操作概念的治疗特征就非常明白地表现在工业社会学、消费心理、市场情况和公众舆论的研究中。

假如社会既定形式是而且还将继续是理论和实践的最高参照系，工业社会学和心理学就不会出现什么毛病。良好的劳资关系与恶劣的劳资关系相比、愉快的工作条件与不愉快的工作条件相比、顾客愿望同商业和政治需要吻合与它们的冲突相比，前者更符合人情并更能提高生产效率。

不过，假如在同样的参照系之下，既定社会成了一种批判理论的对象，而这一批判理论的目标又是体现于所有特殊事实和条件之中并决定它们的发生和功能的社会结构时，这种社会科学的合理性就成问题了。这时，它们的意识形态和政治特征就十分清楚，而详细阐发认知概念则要求越过实证经验主义的虚妄的具体性。因此，治疗性的操作概念在多大程度上使事实孤立化、原子化，使事实固定在压抑性的总体之内，并把这一总体的范围当作分析的范围，这种概念也就在多大程度上变成虚假的概念。结果，普遍概念向操作概念的逐步转化成了思想的压抑性还原。[1]

下面，我把西部电子公司霍桑工厂关于劳动关系的研究当作工业社

[1] 在功能主义理论中，这种分析的治疗和意识形态特征表现得并不明显；它为概念的抽象概括所模糊（“系统”、“部分”、“个体”、“单项”、“复杂后果”、“功能”）。原则上这些概念可以适用于社会学家挑选来作为其分析对象的任何“系统”——从最小的集团到社会。功能分析限定在已选定的系统之内，而这一系列本身却并未纳入为历史的延续而超越系统的批判分析；在批判的分析中，系统的正常功能和不正常功能都显出了它们的本来面目。因此，功能理论展示了误用抽象性的谬误。概念是从对事物性质的抽象中来实现概括的，事物的这些性质使系统成为历史的系统并赋予正常和不正常功能以批判的超越性意义。

会学的一个经典例子。[1]这一大约于25年前就开始的研究早已不是什么新鲜的事情，从那以后研究方法已经大大改进。但在我看来，其实质和作用依然如故。它的思想方式不仅传播到社会科学的其他分支和哲学，而且帮助形成了它所关注的有关人的课题。操作概念以更完善的社会控制方法而告终：它们成了管理科学即人际关系学科的组成部分。在《工人观察工人》杂志上有这样一段汽车工人的话：

> 资方不可能拦截我们的罢工纠察线，不能用直接阻拦的战术制止我们，所以他们一直在研究经济、社会和政治领域中的“人际关系”，以发现阻止联合的方法。

在研究工人对于工作条件和工资的怨言的过程中，研究者发现了如下事实：工人的怨言多数是以这样的陈述来表达的，这些陈述含有“模糊的、不确切的术语”，缺乏对“普遍接受的标准”的“客观参照”，并具有“根本不同于通常与共同事实相联系的那些属性”的特征。[2]换言之，怨言是用诸如“盥洗室不卫生”、“工作危险”、“费用太低”之类的普遍陈述来表达的。

在操作性思考原则的指导下，研究者试图以如下方式来解释或重述上面那些陈述，即把含混的概念还原为特定的所指，还原为用来指称产生怨言的特定情景并具体描述“公司各种条件”的术语。于是，普遍句式被分解为确定产生怨言的特定操作和条件的陈述，而改变这些特定的操作和条件则是消除怨言的方法。

譬如，陈述“盥洗室不卫生”被转译为“我在什么什么时候进入盥洗室，发现脸盆里有些脏物”。调查表明这“多半是由于雇员的疏

---

[1] 引自罗特利斯伯格和迪克森的《管理和工人》(剑桥，哈佛大学出版社，1947年)。参见洛伦·巴里茨在《权力的奴隶》和《社会科学在美国工业中的应用史》(米德尔敦，韦斯利安大学出版社，1960年)第5、6章中的出色论述。

[2] 罗特利斯伯格和迪克森：《管理和工人》，第255页以下。

忽”，接着就订立反对乱扔纸物、随地吐痰等行为的制度，同时指定服务员经常打扫盥洗室。“正是以这种方式使许多怨言得到了重新解释，并往往导致改进措施的产生。”[1]

再如：B工人作出“给他的计件工资太低”这一普遍陈述。通过查访我们了解到“他的妻子正在住院，他为他所担负的医疗费用而忧虑。在这种情况下，怨言所潜含的内容就由这样一个事实组成，即由于他妻子生病，B现在挣到的钱不足以应付他眼下的经济负担”。[2]

这种转译有效地改变了具体命题的意义。而没有被转译的陈述则以其概括性表达了一个普遍条件(“工资太低”)。它超出了特定工厂中的特定条件，超出了这个工人的特定处境。在这种概括中，也只是在这种概括中，该陈述才表达了一种范围很广的控诉，它把特定事例视为普遍事态的表现，并暗示后者不可能通过改进前者而得到改变。

因此，没有被转译的陈述在特定事例和其所隶属的总体(它包括各个职业、各个工厂和各个个人处境之外的条件)之间确立起了一种具体的关系。总体在转译中却被抹除，使治疗成为可能的正是这种操作。工人不可能意识到这一点，对于他来说，他的怨言的确可能具有在转译过程中被当作“潜含内容”来说明的那种特定的、私人的意义。另一方面，他所使用的语言又维护它的客观有效性而反对他的意识——它表达那些现存的条件，尽管它们并不“为他”而存在。转译所获得的特定事例的具体性，是从实际具体性中进行一系列抽象的结果，它包含在事例的普遍特征之中。

转译显示出普遍陈述与作普遍陈述的那个工人的私人经验之间的联系，但在工人体验到自己是“工人”、其工作是工人阶级的“工作”的地方，它就没有这种作用了。我们有必要指出下面这一事实，即操作研

[1] 罗特利斯伯格和迪克森：《管理和工人》，第256页。
[2] 同上书，第267页。

究者在转译的时候遵循的仅仅是现实的过程吗? 被抑止的经验并非他的所作所为，他的任务也不是根据批判理论去思考，而是训练管理者们采用“更人道、更有效的对付工人的方法”[1](这里只有“人道”一词是非操作的、缺乏分析的)。

但随着这种管理的思考和研究方式向思想工作的其他向度扩散，它表现的效用就日益与其科学的有效性密不可分。在这种情况下，功能化具有一种真正的治疗效果。一旦个人的不满脱离了普遍的不幸，一旦反对功能化的普遍概念被分解成特定所指，事例就变成了可以对付和容易驾驭的偶发事件。

诚然，事例仍然是一种普遍性的偶然表现——没有什么思想方式能够不用普遍概念——但却是与未经转译的陈述所表达的类概念大不相同的类概念的偶然表现。一旦B工人的医疗费得到解决，他就会承认，一般说来，现在的工资不是太低，他们只是在个别情况下有过困难(可能与其他人的个别情况相似)。他的事例于是被统摄到另一种类概念之下——即个人困难情况的类概念之下。他不再是一个“工人”或“雇员”(即一个阶级的成员)，而是西部电子公司霍桑工厂里的B工人或B雇员。

《管理和工人》的作者清楚地意识到了这一涵义。他们说，“全体职员工作的特殊功能”，是一个工业组织中的基本功能之一。它要求在处理雇主和雇员的关系时，人们必须“用有特定个人历史的工人的话”，或“在工厂中处于某一特定工作岗位从而与特定的个人和人群发生联系的雇员的话来考虑某个特定雇员所想的东西”。与此相对，该书的作者反对同“全体职员的特殊功能”不能共容的态度，即反对只谈论“普通的”、“典型的”雇员或“工人一般都在考虑些什么”的态度。[2]

我们可以通过把原初的陈述同转译成功能形式的陈述相对照的方法

[1] 《管理和工人》，第8章。
[2] 同上书，第591页。

来总结上述例子。我们假定这两种形式的陈述都是真的，而把对它们的证实问题搁在一边。

(1)“工资太低”。这一命题的主词是“工资”，而不是从事特定工作的特定工人的特定酬劳。作出这个陈述的人恐怕只想到了他个人的经验，但在他赋予该陈述的形式中，他超越了他个人的经验。谓词“太低”是一个表示关系的形容词，它要求有一个在命题中没有被表示出来的所指——对谁而言和为什么太低？这个所指可能就是作出该陈述的这个人，或干该项工作的同事，但普遍名词(工资)包括了命题所表达的整个思想活动并使其他命题要素也分有了普遍特征。所指仍然是不确定的——“太低，是泛而言之”，或者“太低是对每一个类似该说话者的挣取工资者而言的”。这个命题是抽象的。它涉及的是任何特定事例都不能取代的普遍状况；它的意义与个别事例相对立，是可“传递的”。实际上这个命题要求“转译”到一个更为具体的上下文中，但那是要求转译到不能用一套特定的操作(诸如B工人的私人历史及其在W厂中的特殊作用)来定义普遍概念的上下文中。“工资”这一概念涉及的是“工资挣取者”群体，它把所有个人的历史和特殊的工作都结合进一个具体的共相之中。

(2)“由于其妻生病，B工人现在的收入不足以应付他眼下的负担。”注意在这个对(1)进行转译的句子中，主语已被转换。普遍概念“工资”已被“B工人现在的收入”取代。这个句子的意义完全是按照B为购买家庭的吃、穿、住、医等用品而不得不实施的一套特定操作来定义的。意义的“指涉性”已经被消除；“工资挣取者”群体同主词“工资”一起消失殆尽，仍然存在的只是特定的事例；而由于已被剥夺了及物的意义，在公司中发生的特定事例也就容易受到公司已被接受的处理准则的影响。

那么，还有什么问题呢？什么也没有。概念和命题的全面转译得到了研究者所论述的社会的确认。由于工厂或政府能够并愿意承担至少相当一部分费用，也由于病人愿意服从可望成功的治疗，治疗术获得了成功。在未经转译的怨言中出现的含混的、不确切的普遍概念实际上是过去时代的残余，它们残留在言论和思想中，的确是理解和合作的障碍。既然操作社会学和心理学已经促进了恶劣状况的改善，它们就是物质进步和精神进步的组成部分。但是，它们也证明进步的合理性具有矛盾的效果：它在压抑性力量中给人以满足，又在给人以满足的过程中起着压抑人的作用。

取消及物的意义至今仍是经验社会学的一个特征。它甚至表现了大量并未因为某种特殊利益而履行治疗功能的研究的特征。结果，一旦意义的“不现实”的超出部分被消除，研究就会被封闭在社会用以确认和否认命题有效性的界限的广阔范围之内。这种经验主义因其方法论的特征而具有意识形态的性质。为了阐明它的意识形态特征，让我们来看看关于美国政治活动的研究。

在《竞争的压力和民主的赞同》一文中，莫里斯·詹诺维茨和德瓦恩·马维克力图“判断选举在多大程度上反映了民主的进程”。这样的判断暗指“按照维护民主社会的要求”来对选举进程进行评价，而这又要求对“民主”进行定义。作者提出要在两个可供选择的定义之间作出抉择，要在“授权”民主理论和“竞争”民主理论之间作出抉择：

> “授权”理论起源于古典民主概念，它假定选举程序由全体选民强加给代表们的一套清楚的法则产生。选举是为了保证代表们按照选民意见行事而设计出的一种方便的程序和方法。[1]

现在，这一“先入之见”“事先就被当作不现实的看法而排斥，因

[1] H·尤劳、S·J·埃尔德魏尔德、M·詹诺维茨编：《政治行为》(格伦科，自由出版社，1956年)，第275页。

为它假定在美国不可能发现关于竞选问题的达到完整水平的舆论和意识形态”。这个对事实相当坦率的陈述由于下面这个令人宽慰的疑问而被莫名其妙地忽略了：“自从19世纪选举权得到普及以来，是否有任何民主选举地区的舆论已经达到完整的水平?”至少，作者是接受而不是反对民主的“竞争”理论这一先入之见的。按照竞争理论，民主选举即是“选举和否决为谋取公职而竞争的候选人”的程序。为了真正具有操作的性质，这个定义要求确立评判政治竞争特征的“标准”。那么，政治竞争什么时候产生出一个“得到赞同的程序”、什么时候又产生出一个“受操纵的程序”呢? 这里提供了三种标准：

> (1) 民主选举要求在对全体选民有影响的相互对立的候选人之间进行竞争。选民们的权力来自对至少两个对立的候选人进行挑选的能力，而大家相信这几个候选人中的每一个都具有获胜的机会。
>
> (2) 民主选举要求两个[!]政党都努力维持已确定的投票集团，都努力吸引无党派投票人，都努力从对立政党中争取改宗者。
>
> (3) 民主选举要求两个[!]政党都尽量争取赢得当前选举的胜利；但无论胜败如何，两个政党都必须继续努力增加其在以后的选举中获胜的机会……[1]

我认为这些定义相当准确地描述了1952年美国选举的实际情况，而这正是分析的主题。换句话说，判定一种既定状态的标准就是那些既定状态所提供的标准(或者，因为它们是功能良好的、牢固确立的社会制度的标准，因而是被既定状态所强加的标准)。这种分析是“封闭”的；判断的范围被局限在事实的范围之内，而这一事实范围却拒绝对范围作出判断，即拒绝对造成(人为地造成)这些事实的范围、决定这些事实的意义、功能和发展的范围作出判定。

---

[1] 《政治行为》，第276页。

由于受这一框架的约束，研究成了循环的、自我生效的。如果“民主”按照这种有限制然而现实的选举的具体进程来定义，那么在研究得出结论之前这一进程就已经是民主的了。诚然，操作的框架仍然容许(甚至要求)赞同和操纵之间存在差异；根据已查明的赞同和操纵的程度，选举或多或少有可能是民主的。作者得出了这样一个结论：1952年的选举“具有的特征是真正的赞同程序比凭印象估计的更多”[1]——尽管忽视那些阻止人们去赞同的“障碍”和否认操纵压力的存在会是一个“严重的错误”[2]。离开这种几乎没有说明问题的陈述，操作分析就将无从进行。换句话说，它不能提出这样一个决定性的问题，即赞同本身是否就不是操纵的结果——实际情况对此问题的正当性提供了充足的理由。操作分析之所以不能提出此问题，是因为它将超出操作分析术语的范围而产生及物的意义——产生一个揭示民主选举是一个有限的民主程序的民主概念。

正是这样一个非操作概念被作者当作“不现实的”概念而加以拒绝，因为它把十分完整水平上的民主定义成选民对代表的有形控制，即把大众的控制定义成民众的主权。这一非操作概念决不是无关紧要的。它决不是想像或沉思虚构的产物，确切地说，它确定了民主的历史涵义，确定了为实现民主而争取过、今天仍待完善的那些条件。

同时，这一概念在语义的精确性方面也没有什么问题，因为它直达其意——即是说，实际上是选民把他们的意愿强加给代表们，而不是代表们把他们的意愿强加给推选和改选代表的选民。的确，摆脱了灌输和操纵因而是自由的即具有自主权的选民，将处于“完整的舆论和意识形态水平”上。但完整的舆论和意识形态水平是不可能找到的。因此，这一概念必须作为“不现实的”概念而被拒绝——如果人们把事实上流行

[1] 《政治行为》，第284页。
[2] 同上书，第285页。

着的舆论和意识形态水平当作有效的社会学分析准则来接受，就必须这样。如果灌输和操纵已经达到如此地步，即舆论的流行水平成了虚妄的水平，实际状况不再被按照其本来面目来认识，那么，一种有步骤地用来排斥及物概念的分析就会使自己附属于一种虚假的意识。因此，它的经验主义具有意识形态的性质。

作者很清楚问题的所在。“意识形态的刻板性”在评价民主赞同程度方面有一种“严肃的意蕴”。的确，赞同的是什么呢？赞同的自然是政治候选人及其政策。但这还不足以说明问题，因为赞同法西斯制度(而且人们可以说是真正赞同这样一种制度)也可能符合民主程序。因此，赞同本身必须得到评价——按照它的内容、它的目标和它的“种种价值”来评价——而且这一步骤似乎涉及意义的及物性。然而，如果被评价的意识形态倾向就是现存的、“有效地”竞争着的两个政党的倾向，外加“具有骑墙的、中立化态度的”投票人的倾向，那么，上述的“非科学”步骤就可以避免。[1]

“意识形态倾向民意调查结果登记表”显示了三种不同的立场：共和党、民主党的思想意识和“骑墙的、中立化的”舆论。[2]但已确立的政党本身及其政策和策略没有得到分析；在人们关心的根本问题上(如核政策和全面扩军备战的政策)他们之间的具体差别也没有得到追究，而这些问题对于评价民主程序恰好具有根本的意义；采用仅仅是集中了既定民主形式的特征的民主概念来进行的分析则另当别论。操作概念并非完全不适合这一研究主题。它足够清楚地指明了在当代社会中把民主和非民主制度区别开来的那些特质(例如，在不同政党的候选人之间进行有效的竞争；在这些候选人之间作出选择的自由)；但是，如果理论分析的任务不止是、甚至不是描述性的——如果其任务是去**理解**和**认识**事实的本来面目，是理解和认识它们对于那些不得不把它们作为事

[1] 《政治行为》，第280页。
[2] 同上书，第138页以下。

实接受下来并与之共存的人们“意味着”什么——那么，人们也就不会满足于操作概念的上述充足性了。在社会理论中，对事实的认识就是对事实的批判。

但操作概念就是用来描述事实也不够。它们只是达到了对事实的某些方面和片断的认识，而这些方面和片断一旦被误认为事实的整体，描述就会丧失其客观的经验特征。这里我们不妨以朱利安·L·伍德沃德和埃尔莫·罗珀在研究“美国公民的政治活动”时所用的“政治活动”概念为例[1]。他们对“政治活动”一语提出了一种“操作性定义”，他们认为“政治活动”由以下“五种行为方式”构成：(1) 参加投票表决；(2) 支持有可能获胜的压力集团……(3) 直接与议员进行私人交流；(4) 参加政党活动……(5) 通过口头交流习惯性地传播政治主张……

当然，上述活动是“可能会影响议员和政府官员的渠道”，但活动的措施是否真能够提供“一种区分有关国家大事的相对积极的参与者和相对不积极的参与者的方法”呢？它们是否包括下面那些“与国家大事有关”的重要活动，如合作企业同政府、大公司同大公司之间的技术联系和经济联系呢？它们是否包括通过大型公共媒介来形成并传播“非政治”观点、信息及娱乐的活动呢？它们是否考虑到决定公共事务的各集团在政治生活中的不同地位呢？

如果回答是否定的话(我相信会是如此)，那么，政治活动的事实就没有得到充分的描述和确定。许多我认为有决定性意义的重要事实仍然处于操作概念的范围之外。操作概念的方法论禁令同能表现事实真实面目并说出其真实名称的及物概念相对立；由于有这一局限，对事实的描述性分析阻碍了人们对事实的理解，变成了那种维护事实的意识形态的一个组成部分。这种社会学宣称现存社会现实即是其准则，因而加强了作为现实受害者的人们对现实的“无信仰的信仰”：“意识形态只不过

---

[1] 《政治行为》，第 133 页。

是对既定事实的承认，是屈从于已确立事态强大威力的一种行为模式。”[1]与这种意识形态性的经验主义相对立，明白无误的矛盾则重申自己的正确性：“……现存的不可能是真实的。”[2]

[1] T · W · 阿多诺：《意识形态》，载库尔特 · 伦克编：《意识形态》(新维德，路希特汉德公司，1961 年)，第 262 页以下。

[2] 厄恩斯特 · 布洛赫：《哲学基本问题》(法兰克福，祖尔坎普出版社，1961 年)，第 65 页。

单向度的思想

第五章

否定性的思维：被击败了的抗议逻辑

“……现存的不可能是真实的。”对于我们受过很好训练的耳朵和眼睛来说，这个陈述是轻率和好笑的；就像“现实的就是合理的”这一似乎与其相反的命题一样，是荒谬绝伦的。但是，在西方的思想传统中，二者都以引起争议的凝练公式来揭示一直支配其逻辑的理性概念。二者还都表达了同样的概念，就是说，表达了现实和试图把握现实的思想的对立结构。直接经验的世界——我们发现自己生活于其中的世界——必须被理解、改变甚至颠覆，以便显露出它的实际面目。

理性＝真理＝现实的公式把主观世界和客观世界结合成一个对立面的统一体，在这个公式中，理性是颠覆性的力量，是“否定性的力量”；它作为理论理性和实践理性而确定人和事物的真理——即确定人和事物在其中显露出其本来面目的条件。试图证明这种理论和实践的真理不是主观的而是客观的条件，这是西方思想最初的宗旨及其逻辑的起源——这种逻辑不是在哲学专门学科的意义上的逻辑，而是作为一种思想方式的逻辑，这种思想方式适合于把现实的理解为合理的。

极权主义的技术合理性领域是理性观念演变的最新结果。在本章和下章中，我将努力考查理性观念发展——逻辑变成统治逻辑的过程——

的一些主要阶段。由于分析的焦点是理论与实践、思想与行动在历史过程——理论理性和实践理性在统一体中逐渐展开的过程——中的统一(和分离)，这样一种意识形态分析可以有助于理解事实的发展。

封闭的发达工业文明的操作世界连同其自由与压制、生产率与破坏性、增长与倒退之间的可怕协调，在上述理性观念中被预定为一项专门的历史谋划。技术和前技术阶段共同拥有一些表现西方传统连续性的、有关人和自然的基本概念。在那种连续性的范围内，不同思想方式相互抵触；它们属于认识、组织、改变社会和自然的不同途径。直到发达工业文明的成就导致单向度现实取得对各种矛盾的胜利为止，稳定的趋势同理性的破坏性要素、肯定性思维的力量同否定性思维的力量都是相冲突的。

它们的冲突可以回溯到哲学思想自身的起源，并明显地表现在柏拉图的辩证逻辑同亚里士多德《工具论》的形式逻辑的对比中。下面对辩证思想古典模式的粗略分析，可以为分析技术合理性的不同特征作好准备。

在古希腊哲学中，就真理(和谬误)原本是存在或实在的一种状况(并且只是在这个基础上还是*命题*的一种属性)而言，理性是区分真和假的认知机能。真正的话语、逻辑，揭示和表现事物的本相——它区别于事物的显相。由于真理和(现实的)存在具有这种等同性，真理是一种价值准则，因为*存在*比*非存在*更可取。非存在并不就是*虚无*：它是存在的一种潜能，是对存在的一种威胁——破坏。为真理而斗争就是反对破坏、为“拯救”存在而斗争(如果尝试攻击已确立的现实“不真实”，这种尝试就会是破坏性的，例如苏格拉底反对雅典城邦)。在为真理而斗争即是从破坏中“拯救”现实的意义上，真理制约和担保着人类存在。它本质上是人的谋划。如果一个人已学会去观察和了解事物的本相，他就会依据真理行事。因此，认识论本质上就是伦理学，伦理学本质上就是认识论。

这个概念反映了一个自身包含对抗的世界的经验——这个世界不仅

苦于匮乏和否定性，并常常受到破坏性因素威胁，但它也是一个按照最终目标来建构的完整系统。对抗性世界的经验在多大程度上支配着哲学范畴的发展，哲学也就在多大程度上生存于一个破裂的领域——双向度的领域之中。现象与实在，虚妄与真实(以及我们将看到的，不自由与自由)都是本体论的状况。

上述区分不是抽象思维的结果或抽象思维的过错；确切地说，它植根于思想在其中参与理论与实践的那一领域的经验。在这个领域中，既有着人和物“独立地”、“本质地”存在的存在方式，也有着人和物不能“独立地”、“本质地”存在的存在方式——即是说，人和物以扭曲、限制或否定其本质(实质)的形式而存在。存在和思维的发展进程就是要克服这些否定的状况。哲学起源于辩证法，其论域与一种对抗性现实相对应。

作出上述区分的标准是什么呢？把“真理”的资格指定给这种方式或状况而不是另一种方式或状况的理由是什么呢？古希腊哲学大都相信后来所谓(带有一定的贬义)的“直觉”，即一种使思想对象清楚地显现出其(在本质属性中的)本来面目、与其偶然的直接的情况相对立的面目的认知形式。诚然，这种直觉的证据与笛卡儿的说法并非大相径庭。它不是心智的一种神秘官能，不是一种陌生的直接经验，也没有脱离概念的分析。确切地说，直觉是概念分析(最初)的界限——即有步骤地进行理智调节的结果。因此，它是具体经验的中介。

人的本质这个概念可以用来作一个例证。把人放在使其发现自己置身于世界的条件中来分析，我们就可以看到，人们似乎拥有某些官能和力量，它们使人能够过上一种“好生活”，即最大限度地摆脱辛勤劳作、人身依附和粗鄙简陋状况的生活。获得这样一种生活就是要获得“最好的生活”：即按照自然或人的本质来生活。

诚然，这仍然是哲学家的格言；对人类处境进行分析的正是哲学家。他使经验从属于他的批判判断，而这包含着一种价值判断——就是说，摆脱辛勤劳作比辛勤劳作要好，聪明的生活比愚蠢的生活要好。哲学正好生来就具有这些价值准则。科学思想则不得不打破价值判断和分析的这种统一，因为，哲学的价值准则并不引导人们去组织社会，也不引导人们去改造自然，这一点越来越清楚了。它们是无效益、不真实的。希腊人的概念已经含有历史的要素：人的本质在奴隶和自由民那里，在希腊人和原始人那里是有区别的。文明已经克服了(至少在理论上)这一区别在本体论上的永恒化。但是，文明发展尚未使基本的性质和偶然的性质、真实的生存方式和虚假的生存方式的区分无效——只要这种区分导源于对经验情况的逻辑分析，并建立在没有弄错其潜能和偶然性的基础上。

对于后期写《对话录》的柏拉图和亚里士多德而言，存在方式即是运动方式——从潜能到具体、到现实的飞跃。有限的存在是未完成的实现，因而从属于变化。它的产生即是它的衰败；它充满了否定。因而它不是真正的实在——真理。哲学探求就是从有限世界出发来构造一种现实，这种现实不以潜能和现实的重大差异为条件，它控制了它的否定要素，它本质上是完善的、独立的——自由的。

这一发现是逻各斯和爱洛斯的杰作。逻各斯和爱洛斯这两个重要术语指明了两种否定方式。爱欲和逻辑的知识损害了对已确立的、偶然的现实的信念，并努力寻求与现实不相容的真理。逻各斯和爱洛斯是主客观的结合。从实在的“较低”层次向“较高”层次上升是物质和精神的运动。在亚里士多德看来，完美的实在，即上帝，吸引着作为被爱对象的下方世界，他是芸芸众生的终极因。逻各斯和爱洛斯自身是肯定和否定、创造和毁灭的统一。正是在思维的紧迫关头和爱情的狂热状态中存在着对已确立生活方式的破坏性拒斥。真理改变着思维和存在的方式。理性和自由合为一体。

然而，现实的对抗性及其在真实和不真实的生存方式中的爆发似乎是一种不可更改的本体论状况，就此而言，上面那种动力有它固有的限度。这里存在着一些决不可能“真实的”生存方式，因为它们决不满足于其潜能的实现，不满足于存在的欢乐。在人类现实中，所有为获得其生存的必要条件而殚精竭虑的存在，都因此是“不真实的”和不自由的存在。显然，这反映一个社会的非本体论状况是以下列命题为基础的：自由与谋取生活必需品的活动难以共存，谋取生活必需品的活动是某一特定阶级的“本能”，而对真理和真实的存在的认识则隐含着从这种活动的全部向度中摆脱出来的自由。这实际上就是最突出的前技术和反技术类型的情况。

但前技术的合理性同技术合理性的真正分界线，并不是以不自由为基础的社会同以自由为基础的社会的分界线。社会仍然是以那样一种方式组织起来的，以致对生活必需品的谋求占据了特定社会阶级的全部工作时间并构成终其一生的职业，因此它是不自由的，是对人类存在的妨害。在此意义上，真理与社会必要劳动的奴役不能相容的经典命题仍然有效。

这一经典概念暗含着如下命题：只要奴役状态普遍存在，思想自由和言论自由就必定还是一种阶级特权。因为思想和言论是属于某个思想和言论主体的，如果该主体的生活依赖于实施一种被强加的功能，那么它就依赖于对这种功能的需求的满足——因而它依赖于控制这种需求的人。确切地说，前技术谋划和技术性谋划的分界线在于对服从生活必需品——“谋生”——的活动加以组织的方式，在于与该活动的组织相应的自由和不自由、真和假的新方式。

在古典概念中，谁是掌握真实和非真实本体论状况的主体呢？那就是纯思辨(theoria)大师，是在理论指导下进行实践的大师，即哲学家-政治家。诚然，他所了解和解释的真理任何人都有可能达到。例如在哲学家的指导下，柏拉图《美诺篇》中的奴隶也能够掌握几何公理，亦即独立于生息变化之外的真理。但既然真理是存在和思想的一种状态，既然思想是存在的表达和显现，那么，只要它不是生活在真理之中并与真理同在，达到真理就仍然只是一种潜在的可能性。存在的这种方式把奴隶——和任何为获取生活必需品而殚精竭虑的人——拒之门外。结果，假如人们不必再在必然领域内度过他们的一生，真理和真正的人类存在就应该在严格而又实际的意义上成为普遍的。哲学设想人的平等，但同时它又听任在事实上对平等的否定。因为在既定现实中，谋取生活必需品是大多数人的终身职业，同时又必须谋取和提供生活必需品以便真理(它摆脱了物质需要)能够存在。

在这里，历史的障碍阻挠并歪曲对真理的探求；劳动的社会分工获得了一种本体论状况的尊荣。如果真理以摆脱辛勤劳作的自由为前提，如果这种自由在社会现实中是少数人的特权，那么现实就会只在大致上并且只为了特权集团而承认这种真理。这种状况与真理的普遍性相矛盾，它不仅限制和“规范”着理论目标，而且就人的本质而言，它还限制和规范着人作为人的最佳生活。对于哲学来说，矛盾是难以解决的，否则它就不成其为矛盾，因为它是此种哲学没有超越的奴隶或奴隶般社会的结构。因此，它把历史丢在后面而不去掌握它，同时又使真理安然地高踞于历史现实之上。在这里，真理不是作为天堂或天堂中的一项成就，而是作为一项思想成就被完好无损地保存下来——之所以完好无损是因为它表示了这样一种见解，即为谋生而忙碌的那些人没有能力过上一种人的生活。

真理的本体论概念处于可作为前技术合理性范型的逻辑的中心。在技术性谋划的实施过程中得到发展的正是与单向度的思想和行为方式相对的双向度话语领域的合理性。

亚里士多德用“谓词判断逻辑”这个术语来突出一类特殊的逻辑(言谈、交流)——这类逻辑一方面要发现真理和谬误，另一方面在发展过程中又受制于真理和谬误的差别(《解释篇》16b—17a)。它是判断的逻辑，但这是在(判决性)句子的强调意义上来说的：把(p)归诸于(S)因为并且在(p)作为(S)的一个属性而附属于(S)的情况下；否定(p)应归诸于(S)，则因为并且在(p)不属于(S)的情况下；等等。从这一本体论基础出发，亚里士多德哲学进而创立了有关各种可能真(和假)的谓词的“纯形式”；这种“纯形式”成了关于判断的形式逻辑。

胡塞尔在重新复活这一谓词判断逻辑的思想时，他强调它最初的*批判*意义。而且他正是在一种有关*判断*逻辑的思想中发现这一意义的，即是说，是在如下事实中发现这一意义的：思想并不直接与存在(*das Seiende selbst*)有关，而是直接与对存在的“要求”和命题有关。[1]从这个方向看判断，胡塞尔看出了一种对逻辑的任务、范围的限制和偏见。

古典逻辑理想确实表现出一种本体论的偏见——判断(命题)的结构牵涉到一种分离的现实。话语是在存在与非存在、本质与事实、创造与衰败、潜能与现实的不同经验之间发展的。亚里士多德的《工具论》从这种对立的统一中抽象出命题及其(正确和不正确的)联系的一般形式。但他那形式逻辑的主要部分仍受其形而上学制约。[2]

在这种形式化之前，分离世界的经验在柏拉图的辩证法中找到了它的逻辑。此时，“存在”、“非存在”、“运动”、“一和多”、“同一性”、“矛盾”等术语，在方法论上是开放的、多义的，而不是完全确定的。它们有一个开放的视界和完整的意义领域，这一领域在交流过程中自身逐步构造起来，但决没有被封闭。各个命题在对话中被提出，并得到发展和检验，而参加者则被引导去追问那通常是不成问题的经验和言语领域，并进入一种新的话语向度——否则他就是*自由的*，话语表达他的自由。他应该超越那给予他的东西——以讲话者的身份在他的命题中超越术语的原初搭配。这些术语有许多意义，因为它们所指的条件有许多不能孤立和固定起来的方面、涵义和效果。它们的逻辑发展是对现实进程或*事情本身*(*Sache selbst*)的反应。只要思想把直接经验的真理理

[1] 胡塞尔：《形式逻辑与先验逻辑》(哈雷，尼迈尔出版社，1929年)，尤其参见第42—43页和第115—116页。

[2] 卡尔·普兰托：《西方逻辑史》(达姆施塔特，1957年)，第1卷，第135、211页。与这种解释相反的论点，参见第136页以下。

解为另一种真理的现象、现实——理念——的真正形式的现象，思想的法则就是现实的法则，或更确切地说，变成了现实的法则。因而，辩证思想和既定现实之间是矛盾的而不是一致的；真正的判断不是从现实自己的角度，而是从展望现实覆灭的角度来判断这种现实的。在这种覆灭中现实达到其自身的真理。

在古典逻辑中，构成辩证思想原初内核的判断以命题“S是p”的形式被加以形式化。但这种形式是掩盖而不是揭示基本的辩证命题，辩证命题阐明经验实在的否定特性。从实质和精神上看，人和物并不是按照其本来面目存在的；因此，思想和(既定的)现存的东西相矛盾，思想的真理与既定现实的情况相对立。思想面对的真理即是理念。照此而论，在既定现实的范围内，它亦即是“纯粹”理念、“纯粹”本质——潜能。

不过，本质的潜能，并不同于既定话语和行为领域所包含的诸多可能性；本质的潜能是属于不同秩序的潜能。它的实现会导致已确立秩序的覆灭，因为按照真理来思考就是答应要按照真理去生存。(在柏拉图那里，说明这种颠覆的终极概念是：作为哲学家生命开端的死亡和从洞穴中猛烈地解放出来。)因此，真理的颠覆性给思想加上了命令性的特质。逻辑的焦点集中在像证明性命题一样具有命令特征的判断上——其谓语“是”蕴含着“应当”。

这种矛盾的、双向度的思想模式，不仅是辩证逻辑的内在形式，也是全部逐渐把握实在的哲学的内在形式。规范实在的那些命题断言，某种不(直接)是眼下情况的东西是真实的；因此它们同现存的情况相矛盾，它们否认它的真实性。它们的肯定判断包含着一种在命题形式(S是p)中消失殆尽的否定性。譬如，“善即是知识”；“正义即是每个人都发挥与其本性最相适宜的作用”；“完全现实的东西是完全可以认识的”；“真实的就是存在的”；“人是自由的”；“国家是理性的现实”。

如果上述命题是真实的，那么系动词“是”就陈明一种“应当”，一种迫切的需要。它判明了一些在其中善不是知识、人不起最适宜于其本性的作用、人们没有自由的状况。易言之，直言判断 S－p 的形式说明(S)不是(S)；(S)被定义为与自身不同的他者。命题的证实涉及事实和思想中的一个*进程*：(S)必须*变成*实存。直言陈述因此成了绝对命令；它陈述的不是事实而是*造成*事实的必然性。譬如，它可以解释为：人(事实上)不是自由的，他没有天赋的不可让渡的权力，等等。但是，他*应该是*自由的，因为在上帝的眼中，或从其本性看，他是自由的，等等。[1]

辩证思想把“是”和“应当”之间的批判性紧张关系首先理解为存在自身结构的本体论状况。然而，对存在状态的认识——它的理论——从一开始就意欲成为一种具体*实践*。据被否证或被否定的事实所显露的真理来看，既定事实自身似乎也是虚假的、否定的。

因此，从其对象的情况出发，思想按照另一种逻辑并在另一种话语领域内来衡量它们的真实性。这种逻辑谋划的是另一种生存方式：真理在人的言语和行为中得到实现。由于此谋划牵涉到作为“社会动物”的人和城邦，思想运动因而含有一种政治内容。因此，苏格拉底的话语是政治性的话语，因为它们同已确立的政治制度相矛盾。寻求正确的定义，寻求善、正义、忠孝和知识的“概念”，于是就变成一项颠覆性的事业，因为所要寻求的概念意指一种新的城邦。

除非超越自身而付诸实践，思想就无法造成这样一种变化；正是同作为哲学发源地的物质实践的分离，给哲学思想造成了抽象的、意识形态的特征。由于这种分离，批判的哲学思想必然是超验的和*抽象的*。哲

[1] 但如果这个命题*意味着*“应当”，那么为什么不*说*“应当”呢？为什么在肯定形式中否定性消失殆尽了呢？逻辑的形而上学根源决定了命题形式吗？前苏格拉底和苏格拉底思想早于逻辑同伦理学的分离。如果只有真的东西(逻各斯，理念)是实际*存在*的，那么直接经验的实在就分有了非存在，分有了不现实的东西。然而，这一非存在是*存在*着的，而且对于直接经验(对于多数人而言它是独一无二的实在)，它是惟一存在着的实在。由此可见，“是”的双重涵义表现了一个世界的双向度结构。

学与一切真正的思想共同具有这种抽象性，因为如果不能从既定事实中进行抽象，如果不能把事实同造成这些事实的因素联在一起，并在大脑中分解这些事实，就不能真正进行思维。抽象性是思想的生命和其可靠性的标志。

不过也有真假抽象之别。抽象是历史延续中的一个历史事件。它在历史的基础上进行，并保持着同它所离去的基础——已确立的社会领域——的联系。即使批判的抽象达到了对已确立话语领域的否定，该基础也还幸存于否定(颠覆)之中，并限制着新观点发展的种种可能性。

在古典哲学思想起源之初，超越性概念还受制于脑力劳动和体力劳动的普遍分离——受制于已确立的奴役人的社会。柏拉图的“理想”国保留、改进了奴役状态，并按照永恒真理来组织这一状态。而在亚里士多德那里，哲学王(理论和实践在他身上尚集为一体)不得不向至高无上的理论酵素让步，并几乎不具有颠覆性的作用和意图。那些承担着不真实现实压力的人，和那些因此而多有实现颠覆要求的人，当时还不是哲学所关心的对象。哲学从他们之中并继续从他们之中进行着抽象。

在此意义上，“唯心主义”对于哲学来说是恰当的，因为，思想(意识)的至上性观念也宣告了思想在哲学(从思想上)加以超越和修正的经验世界中的软弱无能。哲学曾以合理性的名义来下判断，而合理性则获得过抽象的、一般的“纯粹性”，这一纯粹性使哲学避开了人们不得不生活于其中的世界。因此，除开唯物主义“异教徒”之外，哲学思想很少为人类生存的不幸而苦恼。

自相矛盾的是，导致唯心主义纯粹性的，正是哲学思想的批判意图——以整个经验世界而不仅仅是其中的某种思维或行为方式为目标的批判意图。由于哲学的批判按照属于根本不同的思想和存在秩序的可能性来定义其概念，它发现自己受到与之相分离的现实的阻碍，并进而去构造一个从经验的偶然性中净化出来的理性王国。于是思想的两种向度——本质性东西的向度和显而易见的真理的向度——不再相互妨害，它们的具体的辩证关系变成了一种抽象的认识论或本体论关系。对既定现实的判断被规定一般思想形式和思想对象、规定思想同其客体间的关系的那些命题所取代。思想的主体成了主观性的纯粹而又普遍的形式，一切特殊之处都从这种形式中被清除了出去。

对于这样一种形式主体而言，存在与非存在、变与不变、潜能与现实、真与假之间的关系不再与生存相关；[1]相反，它是一个纯粹的哲学问题。在这里，柏拉图的辩证法和亚里士多德的形式逻辑形成了鲜明的对照。

在亚里士多德的《工具论》中，三段论的“项”（*horos*）“如此缺乏实质性的意义，以致字母表中的一个字母就是一个完全等值的替代物”。因而它完全不同于指示实质性定义结果的“形而上学”术语(也是 *horos*)，即对“是什么”问题的回答。[2]与普兰托相反，卡普主张：这“两种不同的意义是相互对立的，亚里士多德本人从未把它们混同起来”。总之，在形式逻辑中，思维的组织方式与柏拉图的对话方式大不相同。

在这种形式逻辑中，思想对它的对象漠不关心。无论对象是精神的还是物质的，也无论它们是属于社会的还是自然的，反正它们已成为同一组织、计算和推论的普遍规则的附属物——不过，在从其独特的“实质”中进行抽象时，它们是作为可以替换的记号或符号而成为普遍规则附属物的。这一普遍性质(量的性质)是逻辑和社会中的法则和秩序的先决条件，是普遍控制的代价。

> 推理逻辑所发展的普遍概念在统治的现实中有它的基础。[3]

---

[1] 要避免这样一种误解：我不认为关于存在的问题及类似问题是或应当与生存相关。在哲学思想的发端之时有意义的东西，在哲学思想的终结处却可能是没有意义的，而意义的丧失并不可以归咎于无力去思考。人类的历史对“存在问题”给出了明确的回答，并且用非常具体的术语给出了回答；这也证明了回答的有效性。技术领域是其中之一。进一步的讨论参见第六章。

[2] 厄恩斯特·卡普：《传统逻辑的希腊基础》(纽约，哥伦比亚大学出版社，1942年)，第29页。

[3] 霍克海默尔和阿多诺：《启蒙的辩证法》(阿姆斯特丹，1947年)，第25页。

亚里士多德的《形而上学》阐明了概念和控制之间的联系：有关“第一因”的知识——作为普遍性的知识——是最有效、最确定的知识，因为处置原因就是处置其结果。思想借助普遍概念而获得对个别情况的统治权。但是，最为形式化的逻辑领域依旧指称既定经验世界的最普遍的结构；纯形式依旧是它所形式化的内容的形式。形式逻辑自身的理想，是在发展普遍的控制和计算的精神工具和物质工具的过程中的一个历史事件。在此过程中，人不得不创造脱离实际矛盾的理论和谐，不得不清除思想矛盾，不得不在社会和自然的复杂进程中把可同一的和可替换的个体视为实际的存在。

在形式逻辑的统治下，本质和现象相冲突的观念如果不是无意义的，就是可以消融掉的；物质内容是中立的；同一原则与矛盾原则相分离(矛盾是错误思考的结果)，终极原因被从逻辑秩序中清除了出去。由于概念完全被限制在这一范围和功能之内，它们成了判断和控制的手段。形式逻辑因而是通往科学思维的漫长道路上的第一阶段——也仅仅是第一阶段，因为更高程度的抽象和数学化还需要按照技术合理化来调整思维方式。

逻辑程序方法在古代逻辑和现代逻辑那里是大不相同的，但在所有差别背后，普遍有效的思维秩序的结构对于实质性内容而言都是中立的。早在技术的人和技术的自然作为合理控制和计算的对象出现之前，心灵已经能够进行抽象概括了。那些能够被组织成一个紧密逻辑体系并摆脱矛盾或自如地利用可驾驭的矛盾的术语，同那些不能这样做的术语分离开来。进而，在普遍的、可以计算的、“客观的”思想向度同特殊的、不可计算的、主观的思想向度之间出现了分野；后者通过一系列还原才进入科学的行列。

形式逻辑预示着把第二性质还原为第一性质，在还原过程中，前者变成了可以测量、可以控制的物理特性。然后，思想的要素就可以科学地加以组织——就像人的要素可以在社会现实中加以组织一样。前技术的和技术的合理性，本体论和技术学，被按照控制和统治规则来调整思维规则的那些思想要素联结起来。前技术和技术的统治方式是根本不同的——就像奴隶不同于自由工资劳动者，异教不同于基督教，城邦不同于国家，屠杀被攻陷城池中平民的刽子手不同于纳粹集中营一样。然而，历史依然是统治的历史，思维的逻辑依然是统治的逻辑。

形式逻辑试图为思维规则提供普遍有效性。的确，没有普遍性，思维就会成为一件私人的、不受约束的事情，从而无法去理解哪怕最细小的存在片断。思维总不止是个人的思考且与个人的思考不同；如果我开始想像处于某一特定环境的某些单个的人，我会在他们参与其中的一种前个人的关系中发现他们，而且我将用一些普遍概念来思考。思想的所有对象都是普遍的。但同样真实的是，概念的超个人的意义，它的共性，决不仅仅是形式上的；它是在(思想和行动)主体和他的世界的相互关系中构成的。[1]逻辑的抽象也就是社会学的抽象。这里存在着一种逻辑上的模拟，它系统地表达了与社会法规有着保护性的一致的思维规则，不过它只是诸多思想方式中的一种。

亚里士多德形式逻辑的贫乏性已经常为人们所注意。哲学思想则与此种逻辑并行发展，甚至超出了它的范围。就它们的主要成就而言，无论唯心主义者还是唯物主义者，无论唯理主义者还是经验主义者，都没有归功于它。形式逻辑在结构方面是非超验的。它是在三段论法不能超出的固定框架之内来确认和组织思想的——它仍然是“分析性的”。逻辑一直是作为一个专门学科而与哲学思想的独立发展并行不悖的，尽管有给哲学的发展打下印记的新概念和新内容，它还是没有出现本质上的变化。

的确，在近代之初，无论经院哲学家还是理性主义和经验主义者，都没有任何理由去反对那重新尊奉亚里士多德逻辑中的一般形式的思想方式。至少，其意图曾经是符合科学的有效性和精确性的，而其余的成

---

[1] 参见 T · W · 阿多诺：《认识论的元批判》(斯图加特，1956 年)，第 1 章，“逻辑绝对主义批判”。

分也并不妨碍对新经验和新事实在概念上作出详尽的说明。

当代数理逻辑和符号逻辑自然与古典逻辑大不相同，但它们同样根本反对辩证逻辑。就它们的立场而言，老形式逻辑和新形式逻辑都表现了同样的思想方式。对已确立现实的否认能力、欺骗能力和弄假能力的经验，被从在逻辑和哲学思想的起源阶段曾经隐隐出现的“否定性”中清除了出去。随着这种经验的排除，维持“是”和“应当”之间的紧张关系、以自身的真理的名义来颠覆已确立的话语领域的概念成就，也同样从所有将成为客观的、精确的、科学的思想中被排除出去。因为对直接经验的科学颠覆——把科学真理同直接经验的东西对立起来——并没有使那些自身含有抗议和拒绝的概念得到发展。同已接受的真理相对立的新科学真理，自身并不含有抨击已确立现实的判断。

与此相反，辩证思维却是且现在仍然是非科学的，因为它的判断是这样一种判断，这种判断是其对象的本质——具客观性——从上面加给辩证思维的。其对象是真正的具体性中的实在；辩证逻辑杜绝种种把具体内容搁置一旁不加理会的抽象。黑格尔在他那时代的批判哲学中发觉了“对象的恐惧”(*Angst vor dem Objekt*)，他主张，一种真正科学的思想要在其对象的具体性中克服这种恐惧的立场，并把握“逻辑的和纯粹合乎理性的东西”(*das Logische*， *das Rein-Vernünftige*)。[1]辩证逻辑不能够是形式的，因为它受真实的东西的制约，它是具体的。这种具体性，远不会与普遍原则及概念系统相冲突，它需要这样一种逻辑系统，因为它是在有利于真实东西的合理性的普遍规则下运动的。正是矛盾的合理性，亦即各种力量、趋势、要素的对立的合理性，构成现实的运动；而且如果该现实得到理解的话，它也构成有关现实的概念的运动。

作为本质和现象间活生生的矛盾而存在的思想的对象，具有“内在否定性”，这一否定性是关于思想对象的概念的特性。[2]辩证的定义是

[1] 拉松编：《逻辑学》(莱比锡，迈拉出版社，1923 年)，第 1 卷，第 32 页。
[2] 同上书，第 38 页。

从事物的不存在到存在的全过程来定义事物的运动的。制约其对象结构的矛盾要素的发展，也制约着辩证思维的结构。辩证逻辑的对象，既非客观现实抽象的一般形式，也非抽象的、一般的思维形式——更不是直接经验材料。辩证逻辑一方面取消形式逻辑和超验哲学的抽象性，另一方面又否定直接经验的具体性。由于直接经验依赖于摆在那里的偶然存在的事物，它是一种有限的、甚至虚假的经验。如果它已经使自己摆脱了把事因隐藏在事实后面的虚假客观性，即是说，如果它把它的世界理解为一个*历史的*世界，把其中已得到确认的事实看作人们历史实践的结果的话，那么，它就会获得自己的真实性。这种实践(精神的和物质的)是经验材料中的现实，同时它也是为辩证逻辑所把握的现实。

当历史内容进入辩证概念并从方法论上决定其发展和功能时，辩证思维就达到了把思维结构同实在结构联系在一起的具体性。于是逻辑的真理变成历史的真理。本质和现象之间、“是”和“应当”之间在本体论上的紧张关系，变成历史的紧张关系，对象世界的“内在的否定性”被理解为历史主体——与自然和社会作斗争的人——的产物。理性变成历史的理性。理性同代表现存社会势力的人和物的既定秩序相矛盾(现存社会势力揭示了这一秩序的不合理性特征)——因为“合理的”是用来减少愚昧、破坏、兽行及压迫的思想行为方式。

本体论辩证法向历史辩证法的转变，把作为批判性、否定性思维的双向度哲学思想保存了下来。但如今，本质和现象、“是”和“应当”正在社会的实际力量同潜在力量的冲突中相互对峙。而且，它们的相互对峙同有理和无理、正确和错误的对立并不一样——因为它们都是同一已确立领域的重要组成部分，都带有有理和无理、正确和错误的成分。奴隶可以废除主人，也可以同他们合作；主人可以改善奴隶的生活，也可以加强对奴隶的剥削。理性的理想同思想的运动和行为的运动相适应。这是一个理论的和实践的危机。

如果辩证逻辑把矛盾理解为“思想本性”（*zur Natur der Denkbes-*

timmungen)所具有的“必然性”的话，[1]它作出这样的理解是因为，矛盾属于思想对象的本性，属于有理即是无理、非理性即是合理性的现实。与此相反，一切已确立的现实都与矛盾逻辑相反——它赞许的是这样一些思想方式，这些思想方式支持那些再生它们、改善它们的已确立的生活形式和行为方式。既定现实有它自身的逻辑和它自身的真理；而理解现实和超越现实的尝试，预先已假定以一种不同的逻辑和矛盾的真理作为其前提。它们属于那些从结构上看是非操作性的思维方式；它们同科学和通常意义下的操作主义格格不入；它们的历史具体性一方面同定量化、数学化相对立，另一方面又同实证主义和经验主义相对立。因而，就像非科学和非经验的哲学一样，这些思维方式看上去像是过去时代的残余。它们在理性的更有效的理论和实践面前退却。

[1] 《逻辑学》，第1卷，第38页。

第六章

从否定性思维到肯定性思维：技术合理性和统治的逻辑

在社会现实中，不管发生什么变化，人对人的统治都是联结前技术理性和技术理性的历史连续性。但是，通过把人身依附(如奴隶对主人、农奴对庄园主、贵族对领地分封者，等等)逐步换为对“事物客观秩序”(如经济规律、市场等等)的依赖，谋划并着手对自然进行技术改造的社会却改变了统治的基础。可以肯定，“事物的客观秩序”本身是统治的结果；但同样真实的是，统治也正在产生更高的合理性，即一边维护等级结构，一边又更有效地剥削自然资源和智力资源，并在更大范围内分配剥削所得。这一合理性的限度及其有害力量，表现在被生产机构改进了的对人的奴役中，这种生产机构使人的生存斗争永恒化，并使它扩大到破坏这一生产机构的建造者和使用者生活的整个国际斗争之中。

在这一阶段上，制度自身的合理性肯定出了什么毛病这一点变得清楚起来。其实，毛病就在于人们一直用以组织其社会劳动的那种方式。这在现代已不再成为问题。因为在现代，一方面伟大的企业家们自己情愿托庇于政府的指令和规章，而牺牲私人企业和“自由”竞争的利益；另一方面社会主义建设又通过进一步加强统治而继续发展。不过，问题并不到此为止。有毛病的社会组织要求站在发达工业社会现状的立场上来进一步作出解释，而在发达工业社会中，先前那些否定的、超越性的力量同已确立制度的一体化似乎在创造一种新的社会结构。

否定性一面向肯定性一面的转化突出了下列问题：在从本质上变成极权主义的过程中，“有毛病”的组织拒斥各种替代性选择。十分自然而且似乎无需进一步解释的是：制度可见的好处大家认为是值得捍卫的——在有当代共产主义这一似乎代表替代性历史选择的对抗性力量存在的情况下，尤其如此。然而，只是对于一种不情愿、也可能无力去理解正在发生什么和为什么发生的思想行为方式来说，这才是自然的。思想和行为在多大程度上同既定现实相符合，它们就在多大程度上表达着一种对维护事实虚假秩序的任务作出响应和贡献的虚假意识。这种虚假意识已经具体化在反过来再生产它的流行技术装置之中。

我们合理地、多产地生活和死亡。我们懂得，毁灭是进步的代价，就像死亡是生活的代价一样；节制欲念和辛勤劳作是满足和欢乐的先决条件；我们还懂得，生意必须做下去，替代性选择是乌托邦。这种意识形态属于已确立的社会机构；它是该机构继续运转的必要条件，是其合理性的组成部分。

然而，该机构击败了它自己的目的，如果它的目的是要创造一种以人化的自然为基础的人类生活的话。如果这不是它的目的，那么它的合理性就更为可疑。但它也更合乎逻辑，因为，从一开始，否定性就寓于肯定性之中，野蛮寓于人性之中，奴役寓于自由之中。这一状态不是心灵的状态，而是现实的状态，科学头脑在此种现实中起过联结理论理性和实践理性的决定性作用。

社会是在包含对人的技术性利用的事物和关系的技术集合体中再生产自身的——换言之，为生存而斗争、对人和自然的开发，日益变得更加科学、更加合理。“合理化”的双重涵义在这种场合下是相互关联的。劳动的科学管理和科学分工大大提高了经济、政治和文化事业的生产率。结果：生活标准也相应得到提高。与此同时并基于同样理由，这一合理的事业产生出一种思维和行为的范型，它甚至为该事业的最具破坏性和压制性的特征进行辩护和开脱。科学-技术的合理性和操纵一起被熔接成一种新型的社会控制形式。人们还能够安于如下假定即非科学的后果是科学的一种特殊社会应用结果吗？我认为，哪怕预先并没有实际目的，在纯科学中仍然存在着科学应用固有的一般方向；这一点当理论理性转为社会实践时可以得到确定。在论证这一看法时，我将把前面几章讨论的前技术模式的特征与科学技术模式的特征作一对照，简要回顾一下新型的科学技术合理性在方法论上的起源。

导致在数学框架内来解释本质的定量化，把现实与一切固有的目的分离开来；进而，又把真与善、科学与伦理学分离开来。但不管科学现在如何确定自然客观性及其各部分间的相互关系，它都不能按照“终极因”来科学地设想它。不管作为观察、测量和计算中心的主体的作用多么重要，该主体都不能作为伦理、审美或政治的行为者来发挥科学作用。以理性为一方，以下层人民(他们一直是理性的对象而很少是理性的主体)的需要和愿望为另一方，它们之间的紧张关系从哲学和科学思想的襁褓时期起就一直存在着。对“事物的本质”——包括社会的本质——所作出的定义，是为了把压制甚至镇压美化成完全合理的。真正的知识和理性要求统治感觉——如果不从中解放出来的话。逻各斯与爱洛斯的联合，在柏拉图那里已经导致了逻各斯的至上地位；而在亚里士多德那里，上帝与被上帝所推动的世界的关系，只是在类比的意义上才是“爱欲的”。逻各斯与爱洛斯之间脆弱的本体论联系破碎了，科学的合理性作为本质上中立的东西而出现。自然(包括人)要争取什么，只是在运动的普遍规律——物理、化学或生物的——范围内才具有科学的合理性。

在科学合理性之外，人们生活于一个价值世界中；从客观现实中分离出来的价值变成主观的。为它们夺回某种抽象的、安全的合法性的途径，似乎只有指望形而上学的认可(神和自然法规)。但是，形而上学的认可不可证实，因而实际上不是客观的。价值可以有一种更高的地位(道德上和精神上的)，但它们不是现实的，因而在实际生活事务中作用甚微——它在实际生活事务中作用越小，对现实就越是高高在上。

同样的脱离现实的倾向也影响到本质上不能用科学方法来加以证明的所有观念。不管依其自身权利它们可以在多大程度上得到承认、重视和尊崇，它们总不免是非客观的。而正是由于它们缺乏客观性，使它们成了社会凝聚的因素。人道主义者、宗教、道德观念只是“理想性的”；它们不会过分妨碍已确立的生活形式，不会因它们同商业和政治的日常需要所支配的行为相抵触这一事实而丧失合法性。

如果善和美、和平和正义既不能够从本体论的条件中推导出来，又不能够从具有科学合理性的条件中推导出来，那么它们在逻辑上就无权要求普遍的有效性和普遍的实现。从科学理性的角度看，它们属于偏好的范围；即使是亚里士多德和托马斯·阿奎那哲学重新复活也无法挽回这种局势，因为它预先就已受到科学理性的拒斥。这些观念的非科学特征必然削弱同已确立现实的对立；它们变成了单纯的理想，而它们具体的、批判的内容则消散到特定的伦理或形而上学氛围之中。

然而，自相矛盾的是，只具备可定量特征的客观世界，在其客观性方面变得越来越依赖于主体。这一漫长的过程开始于几何学的代数化，它用纯思维的操作取代“可见的”几何图形。在当代科学哲学的某些概念中它找到了自己的最终形式；按照这一形式所有物理学问题势必都会放在数学或逻辑学的关系中来解决。与主体相对立的客观实体的观念似乎是站不住脚的。科学家和科学哲学家从不同角度提出了拒斥某些实体的类似假设。

譬如，物理学“不测量外部物质世界的客观性质——那些性质只是这种操作完成的结果”。[1]客体只是作为“方便的工具”，作为陈旧的

[1] 赫伯特·丁格勒，载《自然》第168卷(1951年)，第630页。

“文化论断”而继续存在。[1]把混混沌沌的事物加以净化，即是使客观世界失去它那“不令人愉快的”特征，失去它那和主体相对立的特性。撇开以毕达哥拉斯-柏拉图的形而上学为基础的解说不谈，数学化的自然、科学的实在看来就是理念的实在。

这是一些极端的主张，它们受到比较稳健的解释的拒斥，这些稳健的解释坚持，当代物理学中的命题仍然指称“物理事物”。[2]但物理事物实际上就是“物理事件”，因而物理命题指称(且只指称)标志各种物理事物和过程特征的属性和关系。[3]麦克斯·波恩写道：

> ……相对论……决没有放弃一切把属性归于物体的尝试……但一个可测量的性质往往并不是一个物的属性，而是该物同他物的关系的属性……物理学中的大多数测量都不直接与我们感兴趣的物有关，而与某种设计、语词(取其最广泛的意义)有关。[4]

W·海森堡也说：

> 我们在数学上确立的东西只有少部分是“客观的事实”，大部分都是对可能性的概括。[5]

现在，“事件”、“关系”、“设计”、“可能性”只是对某一主体而言才能够有客观的意义——不仅就可观察性和可量度性，而且就事件

[1] W·V·O·蒯因：《从逻辑的观点看》(剑桥，哈佛大学出版社，1953年)。蒯因谈及“物理客体的神话”时说：“从认识论的立场看，物理客体和(荷马的)诸神只是程度的不同而不是种类的不同。”(同上)但是，物理客体的神话在认识论上具有优越性，“它作为一种把容易处理的结构掺和进经验之流中的手段，已证明比其他神话更为有效”。按照“有效”、“方便”和“容易处理”来衡量，科学概念展示了它的操纵-技术要素。

[2] H·莱欣巴哈，载菲利普·G·弗兰克编：《科学理论的证实》(波士顿，灯塔出版社，1954年)，第85—86页(阿道夫·格律恩堡所引)。

[3] 阿道夫·格律恩堡引同上书，第87—88页。

[4] 阿道夫·格律恩堡引同上书，第88—89页(我用楷体表示强调)。

[5] 《论“封闭理论”这一概念》，载《辩证法》，1948年第2卷，第333页。

或关系的结构来说。换言之，这里涉及的主体是一个构成性的主体，即是说，是一个某种材料必须或能够被设想成它的事件或关系的主体。假如情况果真如此，莱欣巴哈就仍然是正确的：物理命题可以得到表述而无需涉及一个具体的观察者；“观察器械引起的干扰”，不是归因于观察的人，而是归因于作为“物理用具”的器械。[1]

诚然，我们可以假定，精确物理学所建立的公式表达了(阐述了)原子的实际构象，即物质的客观结构。如果对主体“以外”的任何观察和量度都不予考虑的话，A可能“包括”B，“先于”B，“产生”B；B可能“在C中间”、“大于”C等等——仍然可以说这些关系包含着位置、差异和在A、B、C的差异中的同一。因而它们也暗指在差异中达到同一和以某种特殊方式同他物发生关系并排斥其他关系的能力。如果这种能力只存在于物质自身之中，那么物质自身客观上就属于心灵结构——一种含有强烈唯心主义意味的说法：

> 无生物毫不犹豫、准确无误地直接依据其生存方式来合成它们一无所知的平衡。从主观上看，自然并非是心灵的，她并不按数学范畴来思考。但从客观上看，自然是心灵的，她可以被按数学范畴来思考。[2]

卡尔·波普尔提出了一种较少唯心主义成分的说法，[3]他认为，物理科学在其历史发展中揭示和确定了同一客观实在的不同层次。在这一过程中，已被历史超越的那些概念正被宣告作废，其内容正在被并入那些继起的概念——这一说法包含的意思似乎是朝着现实的真正内核即绝

[1] 菲利普·G·弗兰克编：《科学理论的证实》，第85页。

[2] C·F·冯·魏茨泽克：《自然史》(芝加哥，芝加哥大学出版社，1949年)，第20页。

[3] 参见C·A·梅思编：《英国中世纪哲学》(纽约，麦克米伦出版公司，1957年)，第155页以下。又参见马里奥·本格：《元科学质疑》(斯普林菲尔德，查尔斯·C·托马斯出版社，1959年)，第108页以下。

对真理逼近。否则实在就会是没有内核的葱头，而科学真理的概念将处于岌岌可危的境地。

我并不是说，当代物理学哲学否定，甚至怀疑外间世界的实在性，而是说它不是延搁对现实本身是什么的判断，就是认为这个问题毫无意义，并且无法回答。一旦延搁被看作一种方法论原则，就会具有如下双重效果：(a) 它加速理论重心从形而上学的“是什么”向功能性的“怎么样”转移；(b) 它建立起一种实际(虽然并非绝对)的确定性，这种确定性，在同物质一起发生作用的过程中安然自得地摆脱了操作环境之外的实体的约束。换言之，从理论上看，除了冷酷的物质事实性及其对知识的盲目抵制所产生的限制而外，人和自然的改造别无其他客观限制。这一概念在多大程度上成为可应用于现实的和有效的，现实就在多大程度上被当作一种(假定的)工具系统来探讨；而形而上学“存在本身”的问题也在多大程度上让位于“存在工具”的问题。而且，这一概念的有效性得到证明之后，便作为一种先验的东西而起作用——它对经验进行臆断，为改造自然的方向进行谋划，对整体进行组织。

我们在上面看到，当代科学哲学似乎正跟一种唯心主义原理作斗争；而在其极端的说法中，它似乎正在危险地限制一种唯心主义的自然概念。然而，这一新的思想方式却使唯心主义重新“站稳脚跟”。黑格尔曾经简述唯心主义本体论说：如果理性是主客体的共同名称，它是作为对立面的综合而存在的共同特征。因此，本体论包含了主客体间的紧张关系；它充满了具体性。理性的现实是这种紧张关系在自然、历史和哲学中的表现。因此，甚至最为极端的一元论体系都坚持一种在主客体中展开自身的实体观念，即一种对抗性现实的观念。科学精神则在日益削弱这种对抗性。现代科学哲学完全可以从思维和存在这两种实体的观念出发来进行研究，但当这一延伸了的物质在已转变为技术的数学公式中成为可理解的东西时，存在就会丧失其作为独立实体的特性。

那种把世界划分为时空中的客观过程和反映它们的思维的旧观点，换言之，那种思维和存在的笛卡儿式区分，再也不是我们理解当代科学的恰当出发点了。[1]

对世界的笛卡儿式划分其本身的基础也受到了怀疑。胡塞尔指出，笛卡儿的自我归根到底并不真正是一种独立的实体，而毋宁说只是定量的“残余”或限度；伽利略把世界视为“普遍的、绝对纯粹的”具有广延性的存在物的思想，看起来预先就支配着笛卡儿的看法。[2]在这种情况下，笛卡儿的二元论是靠不住的，笛卡儿的思维着的自我实体将类似于具有广延性的存在物，并预言出现一种能够定量观察和测量的科学主体。笛卡儿的二元论已经暗含着对它的否定；它将扫清而不是阻挡建立单向度科学世界的道路，在这个世界中自然“客观上是属于心灵的”，即是属于主体的。而这一主体又以一种非常特殊的方式与它的世界发生关系：

自然被置于能动的、给自然打上技术烙印的人的记号之下。[3]

自然科学是在把自然设想为控制和组织的潜在工具和材料的技术先验论条件下得到发展的。把自然理解为(假定的)工具比各种特殊技术组织的发展具有更为重要的意义：

现代人把全部存在视为生产的原材料并使全部客观世界隶属于

---

[1] W·海森堡：《物理学家的自然概念》(伦敦，哈钦森出版公司，1958年)，第29页。海森堡在他所著《物理学与哲学》(伦敦，艾伦和昂温出版社，1959年)中写道：“对于原子物理学家来说，如果他终究要使用‘物自身’这一概念的话，那么，物自身归根到底就是一个数学结构；不过，同康德的观点相反，这种结构是间接地从经验中推断出来的。”

[2] W·比梅尔编：《欧洲科学危机和超验现象学》(哈格，尼霍夫出版社，1954年)，第81页。

[3] 加斯东·巴歇拉尔：《当代物理学中的理性活动》(巴黎，大学出版社，1951年)，第7页。参见马克思和恩格斯：《德意志意识形态》(莫利特译本)，第163—164页。

> 生产的扩张范围和规则……机器的使用和机器的制造自身并不是技术，而仅仅是一种在其客观的原材料中实现技术本质的合适手段。[1]

由于对自然的改造导致了对人的改造，由于“人的创造物”出自社会整体又返归社会整体，技术先验论是一种政治先验论。人们也许仍然认为，技术世界的机械系统“本身”对于政治目的是漠不关心的，尽管它可以彻底变革社会或阻碍社会的发展。电子计算机可以同样有助于资本主义管理或社会主义管理；回旋加速器对于好战派或和平派可以是同样有效的工具。马克思在他那个引起争议的论断中对这一中立性提出了异议：“手推磨产生的是封建主为首的社会，蒸汽磨产生的是工业资本家为首的社会。”[2] 马克思这一论断又在马克思主义理论自身中受到进一步修正：基本历史动因是社会生产方式而不是技术。然而，当技术成为物质生产的普遍形式时，它就制约着整个文化；它设计出一种历史总体——一个“世界”。

我们能够说科学方法的发展仅只“反映”在工业文明进程中自然实在向技术实在的转变吗？要以这种方式来阐明科学和社会的关系，就要假定相互交叉而又各自独立的两个领域和事件，即(1) 科学和科学思想，连同它们的内部概念和内部真理；(2) 科学在社会现实中的用途和应用。换言之，不管这二者的发展之间的联系可以多么紧密，它们并不相互包含和限定。纯科学不是应用科学；独立于对它的利用，它保留了它的同一性和有效性。进而，科学本质上是**中立性**的观念又扩大到技术。机器对于它的社会用途漠不关心，只要这些用途仍然在其技术力所

---

[1] 马丁·海德格尔：《林中路》(法兰克福，克洛斯特曼出版公司，1950 年)，第 266 页以下。又参见海德格尔：《讲演与论文集》(普富林根，京特·内斯克出版社，1954 年)，第 22、29 页。

[2] 参见《马克思恩格斯选集》第 1 卷，人民出版社，1972 年，第 108 页。——译者

能及的范围之内。

从科学方法固有的工具主义特征看，这种解释似乎是不充分的。在科学思想与其应用之间，科学话语领域与日常话语和行为领域之间流行着一种较为密切的关系——一种双方都在同一的逻辑和合理性之下发展的关系。

在一种自相矛盾的发展中，建立严格自然客观性的科学努力导致了自然的非物质化趋势的增长：

> 照此方式而存在着的无限自然的思想，这个我们必须加以拒绝的思想，是现代科学的神话。科学通过消除中世纪的神话而起步。但现在，科学迫于其自身的一致性而意识到，它不过是建立了另一种不同的神话而已。[1]

这一从根除独立实体和终极因开始的进程实现了客观性的理念化。不过，这是一种非常特殊的理念化，客体就是在同主体的一种十分实际的关系中以这种方式自我构成的：

> 什么是物质？在原子物理学中，物质是由其对人类经验可能的反应方式、由其所服从的数学——即思想——规则来定义的。现在，我们把物质定义为一种人所操纵的可能客体。[2]

如果情况果真如此，那么科学就已完全变成技术：

> 实用科学拥有同技术时代相适应的自然观。[3]

---

[1] C·F·冯·魏茨泽克：《自然史》，第71页。
[2] 同上书，第142页(我用楷体表示强调)。
[3] 同上书，第71页。

这种操作主义在多大程度上成为科学事业的中心，合理性就在多大程度上表现为有组织的结构形式，表现为对作为纯粹统治材料和工具的物质的组织和操纵——这里所说的工具服务于一切意图和目的，它是“纯粹”的工具。

对待工具的“正确”态度是*技术*态度，正确的逻各斯是*技术学*（*techno-logy*），它是对*技术现实*的谋划和反应。[1]在技术现实中，物质和科学都是“中立的”；客观现实既无目的，又不是为了某些目的而构造的。不过，正是其中立特征把客观现实同特定历史主体联系起来，即同流行于社会中的意识联系起来，其中立性则是通过这个社会并为了这个社会而确立的。它在构成新型合理性的抽象中发挥作用——作为一种内在的而不是外在的因素发挥作用。纯粹的和应用的操作主义，理论的和实践的理性，科学的和商业的谋划都在把第二性质还原为第一性质，对“特种实体”进行量化和抽象。

诚然，纯科学的合理性在价值上是自由的，它并不规定任何实践的目的，因而对任何可以从上面强加给它的外来价值而言，它都是“中立的”。但这一中立性是一种*肯定*性。科学的合理性之所以有利于某种社会组织，正是因为它设计出能够在实践上顺应各种目的的纯形式(或纯质料——在这里，其他方面互相对立的两个术语汇集在一起了)。形式化和功能化的最重要应用是充当具体社会实践的“纯形式”。科学使自然同固有目的相分离并仅仅从物质中抽取可定量的特性，与之相伴随，社会使人摆脱了人身依附的“自然”等级，并按照可定量的特性把他们相互联系起来，即把他们当作可按单位时间计算的抽象的劳动力单位。“由于劳动方式的合理化，对于质的排除从科学领域转向了日常经验领域。”[2]

[1] 我希望我不会被误解为在暗示数学物理学概念是作为“工具”而设计的，它们有一种技术的、实践的目的。确切地说，技术学是对科学在其中得以发展并将自己构成为*纯*科学的那一世界的先验“直觉”或理解。纯科学仍然受制于它由此开始抽象的先验设定。这一点在谈及数学物理学的工具主义视界时恐怕就更加清楚。参见苏珊·巴歇拉尔：《合理性的意识》(巴黎，大学出版社，1958年)，第31页。

[2] M·霍克海默尔和T·W·阿多诺：《启蒙的辩证法》，第50页。

科学的量化过程和社会的量化过程之间，存在着对应关系和因果关系吗？或者，它们的联系仅仅是社会学事后整理的结果吗？前面的讨论已指出，新型的科学合理性在其抽象性和纯粹性方面完全是操作性的，因为它是在工具主义视界内发展的。观察和实验，材料、命题、结论的条理化组织和调整，都不是在一个无结构的、中立的理论空间内进行的。认识的设计牵涉对出现于既定话语和行为领域的客体所进行的操作和抽象。科学就是从这一既定领域的某一位置出发来观察、计算和推理的。伽利略观察过的星星在古人那里没有什么两样，但不同话语和行为领域——简言之，不同社会现实——却开启着新的观察角度和范围，揭示着整理观察数据的多种可能性。在这里我不想涉及科学合理性同社会合理性在现代之初的历史关系。我的目的是阐明它内在的工具主义特征，从这一特征看，科学是一种先验的技术学和专门技术学的先验方法，是作为社会控制和统治形式的技术学。

现代科学思想由于其纯粹性而不考虑特定的实践目标和特定的统治形式。但是，并不存在纯粹的统治那样的东西。随着理论的进步，它便从一种具体的技术环境、从既定的具体的话语和行为领域来进行抽象或对之进行排斥。科学谋划出现与否，理论对可能的替换性选择构想与否，其假说推翻抑或扩展预先确立的现实，都是在既定话语和行为之内发生的。

现代科学原则是以下述方式先验地建构的，即它们可以充当自我推进、有效控制的领域的概念工具；于是理论上的操作主义与实践上的操作主义渐趋一致。由此导致对自然进行愈加有效统治的科学方法，通过对自然的统治而逐步为愈加有效的人对人的统治提供纯概念和工具。保持纯粹性和中立性的理论理性已经开始参与实践理性的事业。它们的合并已经证明对二者都是有益的。如今，统治不仅通过技术而且作为技术来自我巩固和扩大；而作为技术就为扩展统治权力提供了足够的合法性，这一合法性同化了所有文化层次。

在这个领域内，技术也使人的不自由处处得到合理化。它证明，人要成为自主的人、要决定自己的生活，在技术上是不可能的。因为这种不自由既不表现为不合理的，又不表现为政治性的，而是表现为对扩大舒适生活、提高劳动生产率的技术装置的屈从。因此，技术合理性是保护而不是取消统治的合法性，理性的工具主义视界展现出一个合理的极权主义社会：

> 人们或许会把一种技术哲学称作专制的哲学，它把技术总体视为一个用机器来获取权力的场所。机器只是一种手段；目的是通过根本的奴役来征服自然、驯化自然：机器是一个可用来使他人成为奴隶的奴隶。这样一种专横的、奴役的趋向可以与寻求人的自由携手并进。但是，人们很难通过把奴隶状态转嫁给其他存在物、人、动物或机器而自我解放；对属于整个世界的机器总体进行统治仍然还是意味着统治；一切统治都暗含着对征服图式的接受。[1]

政治意图已经渗透进处于不断进步中的技术，技术的逻各斯被转变成依然存在的奴役状态的逻各斯。技术的解放力量——使事物工具化——转而成为解放的桎梏，即使人也工具化。

上述解释把优于一切应用和利用的科学谋划(方法和理论)同特定社会谋划联系在一起，从而找出它们在科学合理性的内在形式如概念的功能特性中的联系。换言之，科学领域(即不是关于物质、能量及其关系的结构等的特殊命题，而是作为可定量的物质、作为对客观现实进行理论探讨并作出数理逻辑表达的指导的自然规划)，将是具体社会实践的视界，这一视界在科学谋划的发展中将受到维护。

但即使我们承认科学合理性内在的工具主义特性，这一假定仍未确

[1] 吉尔伯特 · 西蒙顿：《论技术对象的存在方式》(巴黎，奥比埃出版社，1958年)，第127页。

立起科学谋划的社会学有效性。假使最为抽象的科学概念的组合形式仍然维护主客体在既定话语和行为领域中的相互关系，理论理性和实践理性的联结就可以按不同方式来理解。

让·皮亚杰在他的“发生认识论”中提出了这样一种不同解释。他按照对主客体一般关系的不同抽象来解释科学概念的组合形式。抽象既不从单纯的客体着手，以致主体只起观察和测量的中立点的作用；也不从作为纯粹认知理性媒介的主体着手。皮亚杰对数学中的认知过程和物理学中的认知过程作了区分。前者是在“行为内部”进行的抽象：

> 同通常的说法相反，数学实体不是依据客体而进行的抽象的结果，毋宁说它是在行动内部进行抽象的结果。收集、整理、运动等等比之思考、推论等等是更普遍的行为，因为它们坚持各个个别行为的自我协调，它们使每一个行为都成为一种协调因素。[1]

因而数学命题表达的是“对客体的普遍适应”——同作为物理学中的真命题特征的个别适应相对。逻辑和数理逻辑是“对任一客体的一个行为，就是说，是一个具有普遍形式的行为”；[2]而且这种“行为”是普遍有效的，因为：

> 这一抽象或区分扩大到遗传协调的中心，行为协调机制在根源上总是被反射作用和本能所束缚。[3]

在物理学中，抽象是从客体着手的，但它被归结为主体方面的特定行为，因此，抽象必然要采取一种逻辑-数学的形式，因为：

---

[1] 《发生认识论导论》(巴黎，大学出版社，1950年)，第3卷，第287页。
[2] 同上书，第288页。
[3] 同上书，第289页。

> 如果个别行为之间取得了某种协调，如果这种协调是以其逻辑-数学的本性进行的，那么，个别行为就只会导致知识的产生。[1]

物理学中的抽象必然导致逻辑-数学抽象，而后者作为纯粹的协调因素是行为——“行为本身”——的普遍形式。这种协调构成了客观现实，因为它保留遗传的、“反射的和本能的”结构。

皮亚杰的解释承认理论理性有内在的实践特征；但归根结底，他是从遗传的、生物学的普遍行为结构推导出这一特征的。科学方法最终依赖于生物学基础，它是前历史的(更确切地说是低于历史的)。进而言之，即使承认一切科学知识都以个别行为的协调为前提，我仍然看不出为什么这种协调“本质上”就是逻辑-数学的——除非“个别行为”是当代物理学的科学操作，而在这种情况下，解释就将出现循环。

同皮亚杰心理学和生物学色彩相当浓厚的分析相反，胡塞尔提出了一种专门研究科学理性的社会-历史结构的发生认识论。在此处，我将只在下述范围内涉及胡塞尔的著作[2]，即它强调现代科学在一定程度上是作为其活动领域的前定历史现实的“方法论”。

胡塞尔以下述事实为出发点，即自然数学化的结果是产生有效的实践知识：在“观念”实在的结构中，它可以有效地同经验实在“联系”起来（第19、42页）。但科学成就曾经回指一种前科学实践，它构成伽利略时代的科学的原始基础(the *Sinnesfundament*)。生活世界(*Lebenswelt*)中这一曾决定理论结构的科学的前科学基础没有受到伽利略的质疑；不仅如此，它还被科学的进一步发展所遮蔽(*verdeckt*)。结果便产生了如下幻想：自然的数学化可创造一种“自主(*eigenständige*)的绝对真理”

[1] 《发生认识论导论》，第3卷，第291页。
[2] 《欧洲科学危机和超验现象学》。

(第 49—50 页)，但在现实中，它依然是为生活世界服务的特定方法和技巧。数学科学的观念面具(*Ideenkleid*)因而是一种符号面具，它表现生活世界，同时又粉饰(*vertritt* 和 *verkleidet*)生活世界 (第 52 页) 。

在科学的概念结构中得到维护的原始的前科学目的和内容是什么呢? 实际量度揭示了使用某些基本形式、模型和关系的可能性；这些形式、模型和关系通常“可以作为同一种精确测定和计算经验对象及关系的手段来使用”(第 25 页)。通过各种抽象和概括，科学方法保留(并粉饰)它的前科学技术结构；而前者的发展则是对后者的发展的描述(和粉饰)。由此可见，古典几何学“理想化”了观察和测量土地(*Feldmesskunst*)的实践。几何学是实际客观化的理论。

当然，代数学和数理逻辑摆脱了生活世界及生活于其中的主体不能加以计算的不确定性和特殊性，从而建构起一个绝对的观念实在。然而，这种观念建构不过是对新生活世界进行“理想化”的理论和技术。

> 在数学实践中，我们达到了在经验实践中达不到的东西，即**精确性**。因为，用**绝对的恒等式**来确定理想形式是可能的……由此一来，它们便普遍变成得心应手的东西了……(第 24 页)

观念世界与经验世界的协调(*zuordnung*)，使我们能够去“谋划预期中的实际生活世界的规律”：

> 一旦人们拥有这些公式，人们就会拥有在实践中所期望的**先见之明**

——亦即在具体生活经验中所期待的先见之明(第 43 页)。

胡塞尔强调数学精确性和可替换性的前科学的、技术的涵义。这些现代科学的中心观念，不是仅仅作为纯科学的副产品，而是作为同其内在概念结构有关的东西出现的。从具体中进行科学抽象和既产生精确性、又产生普遍有效性的质的定量化，牵涉到生活世界的特定具体经验——“看”世界的特定方式。尽管具有“纯粹的”、置身事外的特点，这种“看”毕竟是在有目的的实际情境中看。看即是预期(*Voraussehen*)，即是谋划(*Vorhaben*)。伽利略的科学是有步骤、有系统地预期和谋划的科学。但重要的是，它同时也是某种按照能够完全等同的单位之间可予计算和预言的关系来体验、领会和塑造世界的特定预期和谋划的科学。在这种谋划中，普遍的可定量性是统治自然的前提。个别的、非量化的性质却阻碍根据从人和物中抽取出的可量度能力来对人和物进行的组织。但这是一项专门的、社会历史的谋划，从事这项谋划的意识是伽利略的科学的隐蔽主体；后者是无穷扩展的预测技巧和艺术(*ins Unendliche erweiterte Voraussicht*，第51页)。

正因为伽利略的科学在其概念组合形式方面是特定生活世界的技巧，所以它没有也不能超越这一生活世界。从本质上看，它仍然停留在基本经验框架之内，停留在这一现实所规定的各种结果的范围之内。在胡塞尔的学说中，在伽利略的科学中，“具体的因果领域变成了应用数学”(第112页)——但感觉和经验世界

> 是我们在其中度过我们全部有生之年的世界；在其本质结构中，在其自身恒定的具体因果关系中，它依然故我……(第51页；我用楷体表示强调)

这是一种容易遭人轻视的、带有挑战性的主张。我冒昧地提出一种可能是牵强的解释。但这种主张并不简单地指涉如下事实，即尽管有非欧几何存在，我们仍然是在三维空间之内感觉和行动；或者，尽管有“统计的”因果性概念，我们仍然是按照常识，按照“旧”因果性法则

来行动的。该主张同作为“应用数学”结果的日常生活世界的不断变化并不相矛盾。也许还有更多的东西存在问题：即既定科学和科学方法的固有限度。既定科学和科学方法借助这一限度使现存生活世界得到扩大、保证和合理化，而又不更改其存在结构——即不展望一种本质上新的“看”的方式，和本质上新的人与人、人与自然的关系。

对于生活的已制度化的形式，科学(纯粹的和应用的)将具有一种僵化、固定和保守的功能。甚至它最具革命性的成就也只是同现实的特定经验及组织相一致的建设和破坏。科学不断自我校正——对它那些融入其方法的假设的革命——本身就推进和扩展着同一个历史领域、同一种基本经验。它还保持着同一种有利于物质内容和实际内容的演绎形式。胡塞尔的解释决非轻视伽利略科学所带来的根本变化，他着重强调同前伽利略传统的彻底决裂；思想的工具主义视界确曾是一种新的视界。它创造出一个新的理论理性和实践理性的世界，但是它仍然还受到特定历史世界的制约，这个世界具有显而易见的限度——既在理论上也在实践上的、既在其纯粹的方法方面也在其应用的方法方面的限度。

上述讨论不仅是要指明科学方法的内在局限和成见，而且要指明其历史的主观性。此外，它似乎暗示对某种“定性物理学”的需要和复兴目的论哲学的需要，等等。我承认，这一怀疑是正当的；但在此处，我只能表明我并不想肯定这种蒙昧主义观点。[1]

不管人们怎样定义真实性和客观性，它们都与理论和实践的从事者相关，同他们理解和改造世界的能力相关。这种能力转而又有赖于：物质(无论它可能是什么)在何种程度上是按照其各个个别形式中的本来面目而被认识和理解的。在这些条件下，当代科学所具有的客观有效性远非它的先行者所可企及。人们也许可以进一步说，现在，科学方法是可以声称拥有客观有效性的惟一方法；理论假说和可观察事实的交互作用证明了这些假说，确认了这些事实。而我力图要指出的是，依靠其自

[1] 参见本书第九章和第十章。

身的方法和概念，科学已经规划和创立起这样一个领域，即对自然的统治依然同对人的统治相联结的领域——它们的联结对于作为一个整体的领域而言是必不可免的。科学地加以理解和控制的自然，再现于生产和毁灭的技术设施中，这些技术设施在维系并改善各个个人生活的同时，又使他们服从于设施的控制者。于是，合理的统治集团与该社会融为一体。如果情况果真如此，那么，在也许有助于上述必然联结的进步方向上的变化就会影响到科学的结构——科学的谋划。它那没有丧失合理特征的假说，将在一种根本不同的经验环境(一个和平世界)中得到发展；随之而来的是，科学将获得根本不同的自然概念，并确认根本不同的事实。这一合理的社会推翻了理性的观念。

我已指出，这种颠覆性原理，即关于另一合理性的观念，从一开始就出现在思想史中。古代的国家理想，使存在达到完善、使“是”和“应当”的矛盾以永恒轮回的方式来解决的国家理想，已经带有统治的形而上学特征。同时，它又适合于解放的形而上学——适合于逻各斯和爱洛斯的调和。这种理想设想的是停止理性的压抑性生产能力，达到满意的统治结果。

两种形成鲜明对照的合理性并不简单地分别同古典思想、现代思想相互关联，而在约翰·杜威那里它们就是这样相互关联的：“从思辨的乐趣到积极的操纵和控制”；“从作为对自然性质的美学欣赏的知……到作为一种世俗控制手段的知”。[1]古典思想足以承担起世俗控制的逻辑任务；但在现代思想中却存在着足以反驳杜威说法的控诉成分和拒绝成分。理性作为概念性的思想和行为，必然是控制和统治。逻各斯即是以知识为基础的规律、法则和秩序。在把特殊例证统摄于普遍性之下并使之服从于普遍性的过程中，思想实现了对种种特殊例证的统治。它不仅能理解它们，而且能影响它们、控制它们。然而，当一切思想都处于

[1] 约翰·杜威：《确定性的寻求》(纽约，明顿和巴尔奇公司，1929年)，第95、100页。

逻辑规则的统治之下时，这种逻辑的发展在不同思想方式中是有区别的。古典形式逻辑和现代符号逻辑、先验逻辑以及辩证逻辑——每一种逻辑都支配着不同的话语和经验领域。它们都是在它们所称道的统治的历史连续性内发展的。这种连续性把顺从主义和意识形态特征赋予肯定性思维方式，而把思辨和乌托邦特征赋予否定性思维方式。

概括一下，我们现在可以更清楚地分辨科学合理性的隐蔽主体和隐藏在其纯形式中的目标。科学的可普遍控制的自然概念，把自然设计为不断运动着的物体，设计为理论和实践的单纯材料。在这种形式中，客观世界开始建设一种技术世界——一种精神和物质的纯工具、纯手段的世界。因此，它的确是依赖确证和证实主体的“假说”系统。

确证和证实的过程可以是纯理论的过程，但它们决不可能发生于真空之中，也决不会限于私人的、个人的心灵。各种形式和功能的假说系统变得有赖于另一系统——即它在之中并为之而发展的既定目标领域。对于理论谋划曾经无关紧要和毫不相干的东西，今天表现为其结构(方法和概念)的组成部分；纯客观性是作为提供目的和目标的**主观性的**客体而出现的。在技术现实的建构中，并无纯粹合理的科学秩序之类的东西存在；技术合理性的进程就是政治的进程。

只是在技术的中介中，人和自然才变成可以替换的组织对象。把他们统摄于其下的那些设施的普遍有效性和生产能力，掩盖着组织这些设施的那些特殊利益集团。换言之，技术已经变成**物化**——处于最成熟和最有效形式中的物化——的重要工具。个人的社会地位及其同他人的关系，看来不仅要受到客观性质和规律的支配，而且这些性质和规律似乎也会丧失其神秘性和无法驾驭的特征；它们是作为(科学)合理性的可靠证明而出现的。这个世界势必变成甚至把管理者也包括在内的全面管理的材料。统治的罗网已变成理性自身的罗网，这个社会最终也会被困在该罗网之中。理性的超越性方式看来会超越理性自身。

在这些条件下，物理科学之外的科学思想(泛而言之，同混乱的、形而上学的、情感的、不合逻辑的思想对立的思想)一方面以纯粹的、自明的形式主义(符号主义)身份出现，另一方面又以一种总体的经验主义形式出现。(它们并不相互抵触。请看数学和符号逻辑在电子工业中的经验应用。)对于既定话语和行为领域而言，无矛盾性和非超越性是其共同特征。在当代哲学中，总体的经验主义展示了它的意识形态功能。下一章将对与这种功能有关的语言分析的某些方面进行讨论。这一讨论又是为力图揭示下述障碍打下基础：这些障碍阻止总体经验主义去把握现实，阻止总体经验主义去建立(更确切地说是再确认)可以冲破这些障碍的那些概念。

第七章

肯定性思维的胜利：单向度的哲学

思想的再限定有助于精神操作同社会现实中的操作相协调，治疗即是它的目的。当思想不再超越一种既是纯公理的(数学和逻辑)，又是与既定话语和行为领域共存的概念框架时，思想便与现实处于同一水平上。由此，语言分析声称要治疗思想和言语所染上的令人混淆的形而上学观念症——以往那些较不成熟和较少科学性的时代所留下的“幽灵”，这些幽灵尽管既无所指又不解释，却仍然出没于心灵之中。这里的重点是哲学分析的治疗功能——纠正思想和言语中的反常行为，排除或至少暴露暧昧、幻想和怪癖的成分。

在第四章中，我曾经讨论过社会学在揭露和纠正工厂中的反常行为方面所表现出来的治疗性的经验主义，这种经验主义暗含着对于能把反常行为引向整个社会的批判概念的排斥。由于有这种限制，理论的方法直接变成为实践的步骤。它立意要设想出更好的管理方法、更安全的计划、更高的效率、更严密的计算。通过纠正和改进，这种分析便以肯定而告终；经验主义证明自身是肯定性的思维。

但是，哲学分析并不是直接如此应用的。与社会学和心理学的成就相比较，思想的治疗方案依然是学术性的。诚然，精确的思维，从形而上学的幽灵和无意义的观念中解放出来，本身可能是深思熟虑的结果。进而言之，语言分析中的思想治疗是它自己的事情和它自己的权利。它的意识形态性质不因下述考虑而过早受到判决：即把反对对既定话语和行为领域的概念超越同反对对既定社会的政治超越联系起来的考虑。

像任何名副其实的哲学一样，语言分析自身就表明和规定了自己对现实的态度。它认定其宗旨是揭露超验的概念；它宣称它的参照系是语词的日常用法，流行的使用状况。它把它的立场限制在哲学传统之内即限制在同那样一些思想方式不能相容的立场上，那些思想方式是在同流行话语和行为领域的对立甚至矛盾中来详述其概念的。

从已确立领域的角度看，那些处于对立面的思维方式即是否定性的思维方式。“否定的力量”是支配概念发展的原则；而矛盾则是理性的重要性质(黑格尔)。思想的这一性质并不限于某种理性主义；它也曾是经验主义传统中的决定性要素。经验主义并不必然是肯定的；它对已确立现实的态度，取决于起着知识来源和基本参照系作用的特殊经验向度。譬如，感觉论和唯物主义对于没有满足生命本能和物质需要的社会，似乎天生就是否定性的。与此相对，语言分析的经验主义却是在不允许这种矛盾存在的框架之内活动的——对普通行为领域自我强加的限制有助于产生一种内在的肯定态度。尽管哲学家们严守中立观点，预先就受到制约的分析仍然会屈服于肯定性思维的力量。

在指出语言分析的内在意识形态性质之前，我必须通过对“肯定的”(positive)和“实证主义”(positivism)的起源的简短评述来替我对这两个术语似乎随意的和贬义的使用进行辩护。自从“实证主义”一词第一次被使用(或许是在圣西门学派那里)以来，它就一直包含着如下意义：(1) 认识依据对事实的经验而获得有效性；(2) 认知活动以物理科学为确定性和精确性的模型；(3) 相信知识要进步必须以此为方向。由此出发，实证主义把各种形而上学、先验论和唯心主义当作蒙昧主义的落后的思想方式来加以反对。既定现实在多大程度上得到科学的理解和改造，社会在多大程度上变成工业社会和技术社会，实证主义就在多大程度上在该社会中发现实现(和证明)其概念的媒介——理论与实践、真理与事实的一致。这样，哲学思想变成肯定性的思想；哲学批判则只是在社会结构的范围之内进行，并把非实证的观念攻击为单纯的玄思、幻想或奇谈怪论。[1]

在圣西门的实证主义中开始出现的话语和行为领域是技术现实的领域。在那个领域内，客观世界正在被改造成一种工具。仍处在工具世界之外的部分——未征服的、蛮荒的自然——如今显然处于科学技术进步力所能及的范围之内。形而上学的向度，即一个先前真正合理的向度如今已是不合理和不科学的了。在自身现实化的基础上，理性抵制了超越。在当代实证主义后期阶段，引起憎恶的已不再是科学和技术进步；然而思想范围的收缩仍然是严重的，因为它是自我强加的——哲学自己的方法。在当代，缩小哲学范围、贬低哲学真理的做法来势凶猛，哲学家们自身就宣称哲学的节制和无效。它不触及已确立的现实；它憎恶超越。

奥斯汀轻蔑地对待在语词的普通用法之外另外选择的用法，他诋毁我们“懒洋洋地坐在安乐椅上所想到的”东西；维特根斯坦断言哲学“让一切依然如故”。这些说法[2]在我看来，表现了学术上的施虐-受虐狂，表现了那些没有获得科学、技术或类似成就的知识分子的自卑和自责感。他们对节制和依赖感的肯定，使人重新想起休谟关于正当地安居于理性界限之内的论调；这种理性界限一旦被承认和接受，就会保护人们不受无益的精神冒险的侵害，同时使他能够完满地适应既定的环

[1] 实证主义的顺从主义态度同非顺从主义思想方式的根本对立，或许首次出现于傅立叶的实证主义文章中。傅立叶本人在《伪善的工业》(1835年，第1卷，第409页)中已经把整个资产阶级社会的商业精神视为“我们在理性主义和实证主义中所取得的进步”果实。引自安德烈·拉朗德：《哲学批判与技术术语》(巴黎，法兰西大学出版社，1956年)，第792页。至于“肯定的”一词在新社会科学中的不同涵义及其与“否定的”一词的对立，参见《圣西门的学说》，布格莱和阿莱维编(巴黎，里维埃出版社，1924年)，第181—182页。

[2] 同类主张见欧内斯特·盖尔纳：《词与物》(波士顿，灯塔出版社，1959年)，第100页，第256页以下。哲学让一切都依然如故的命题，在马克思《关于费尔巴哈的提纲》的上下文中可能是确实的(它在那里同时也受到否定)；或者作为新实证主义的自我刻画也许是确实的，但作为关于哲学思考的一般命题则是错误的。

境。然而，当休谟攻击实体的时候，他是在同一种强大的意识形态作斗争，他的后继者们今天却在为社会早已实现的东西提供理论辩护，亦即诋毁其他那些同已确立话语领域相矛盾的思想方式。

这一类型的哲学行为主义本身是值得分析的。它似乎徘徊于专横武断和随和亲切两极之间。这两种倾向在维特根斯坦反复使用的带有亲切或屈尊的人称“你”的命令式用法中完满地融合在一起；[1] 在吉尔伯特·赖尔《心的概念》的开首章节中也是如此，里面初步论证了作为关于身心关系“法定学说”而出现的“笛卡儿神话”的谬误之处，从而引出某约翰和某理查德以及他们关于“普通纳税人”所想到的事。

语言分析著作充满了这种对普通人的亲密感，他们的谈话在语言哲学中起着主导作用。言谈的亲切感有着重大的意义，因为它一开始就把博学之士们的“形而上学”词汇拒之门外；它反对理智的清高；并嘲笑知识分子。某约翰和某理查德的语言实际上是街头语言；是表达其行为的语言；因而是具体性的标志。然而，它也是一种虚假的具体性的标志。这种为分析提供了大量素材的语言是一种净化了的语言；被净化的不仅是“非正统的”语言，而且也包括那些其表达的内容不同于社会所提供的内容的表达方式。语言分析学家发现这种净化了的语言是一个完成了的事实，他原封不动地接受了这种贫乏的语言，并把它同它没有表达的东西隔离开来，尽管它作为意义的成分和要素已进入了既定话语领域。

语言哲学关心意义和用法的流行类型，关心普通言语的能力和常识，同时又反对分析普通言语对于讲这种言语的社会所说的话(或将它作为无关紧要的素材)；由此语言哲学再次抑制了在这种话语和行为领域内不断受到抑制的东西。哲学权威纵容造成这种领域的势力。语言分

[1] 《哲学研究》(纽约，麦克米伦出版公司，1960 年)：“你的怀疑是误解。你的问题和语词有关……”(第 49 页)“根本不要考虑作为心灵过程的理解！——因为这是使你产生困惑的说话方式，而要问问你自己……”(第 61 页)“请考虑下述情况……”(第 62 页)这样的话随处可见。

析实际上是从普通语言在谈论中所展示的东西出发来进行抽象的——是从残缺不全的人和自然出发来进行抽象的。

何况，引导这种分析的往往并不是普通语言，而是放大了的语言原子、无聊的言语片断，听起来就像幼儿说的话一样，例如："这看上去像一个抽鸦片的人"，"他看见过一只知更鸟"，"我有过一顶帽子"。维特根斯坦就花过很多心思和篇幅来分析"我的扫帚在角落里"。下面我引自J·L·奥斯汀《他人的心》一书的分析，可以作为一个有代表性的例子。[1]

> 两种相当不同的踌躇方式是可以分辨的。
>
> (a) 让我们以我们正在品尝某种滋味为例。我们可以说："我简直不知道它是什么：我以前从未尝过如此少见的东西……不，没有用处；我对它考虑得越多，我就越是糊涂：在我的经验中它是十分特别、不同一般、独一无二的!"这表明我在过去的经验中找不到可与当前经验相比的东西，我可以确定它明显不像我以前曾品尝过的任何东西，也完全不像我知道应作同一描述的任何东西。这一事例尽管足以辨别，它仍然逐渐演变成更普通类型的事例；而在这种事例中，我并不能十分肯定，或只是比较地肯定和实际上肯定它是例如月桂的滋味。在所有这些情况下，为了辨别眼下的东西我都在尽力搜寻我过去经验中类似于它的东西；即搜寻某种相似性；既然有这种相似性存在，它就或多或少应该用同样的摹状词来描述，采用这种办法，我正在获得不同程度的成功。
>
> (b) 另一个事例与此不同，尽管它很自然地同第一个例子有联系。在这里，我力图要做的是反复**玩味**当下经验、**详细地审视它**、清楚地**感觉**它。我没有肯定**它是**菠萝的滋味。难道在味道、刺激，

[1] 参见《逻辑与语言》第2辑，A·弗卢编(牛津，布莱克韦尔出版社，1959年)，第137—138页(省略了奥斯汀的脚注)。在这里，通过使用日常言语的通俗省略式："Don't..." "isn't..."，哲学也证明它忠实地顺从日常用法。

或缺乏刺激、腻味感方面不可能有同菠萝差不多但正好又与它不一样的东西吗？难道就不可能有一种排斥紫红色又很难代替淡紫色的特殊的隐约的绿色吗？或许它有些奇怪：我必须更认真地反复观察和审视它，可能这里正好有迹象说明存在着一种不自然的微光以致它看上去与普通的水大不相同。因此我们的实际感觉缺少一种敏锐性，这不是或不仅仅是通过思考能够补救的，而是要通过更加敏锐的辨别、通过感觉上的辨别力才能补救的。尽管考虑我们过去经验中其他更为明白的事例的确能够帮助我们的辨别力。

在上述分析中有什么东西令人不快呢？在精确性和明晰性方面，它可能是无与伦比的——它是正确的。但这就是它的全部东西，我认为它不仅不够，而且对哲学思想和批判思想还有破坏性的作用。从哲学的角度，我们可以提两个问题：(1) 概念(或语词)的解释能够永远使自己适应实际的日常话语领域并以此而告终吗？(2) 精确性和明晰性本身即是目的还是受其他目的所制约？

就其第一部分而论，我对第一个问题的回答是肯定的。最为陈腐的言语例子正因其陈腐而可以说明现实中的经验世界，并有助于解释我们对它的思考和谈论——就像萨特对等公共汽车的人群的分析，或卡尔·克劳斯对每天的报纸的分析一样。这样一些分析之所以能够说明经验世界，是因为它们超越了环境及其表现形式的直接具体性。它们为了解释制造环境的那些因素，和在这一环境中的讲话(或沉默)者的行为，而超越环境及其表现形式的具体性。(在上述例子中，这些先验因素被追溯到劳动的社会分工。)因此，这种分析并不局限在日常话语的领域之内，而是越过它，并开启一个根本不同的领域，创造甚至同日常言语相矛盾的词汇。

这里不妨再看另一个例子，诸如“我的扫帚在角落里”之类的句子，也可能出现在黑格尔逻辑中，但在那里，它们被说成不恰当的甚或虚假的例子。它们只是一些废品，另一种在概念、风格和句法方面具有不同规则的话语将会超越它们。对于后一种话语来说，“我们语言中的每一个句子都像‘它现成的那样秩序井然’”决不是那么“显然”的。[1]事实正好与此种说法相反，每一个句子都像这种语言所表达的世界那样很少是秩序井然的。

简直是自我虐待地把言语降低为不起眼的、普通的语言，还把这种做法说成一种纲领：“如果‘语言’、‘经验’、‘世界’之类的语词要有一种用处，它就必须跟‘桌子’、‘灯’、‘门’之类语词的用法一样不起眼。”[2]我们必须“坚持我们日常思考的那些主词，不能够走入歧途并想像我们必须描述一些极难捉摸的东西……”[3]——似乎这是惟一的选择，似乎“极难捉摸的东西”对于维特根斯坦的语言游戏不是合适的术语，而对康德的《纯粹理性批判》才是合适的术语一样。思考(或至少是其表达)不仅被束缚在普通用法之内，而且不能要求和追寻那些超出已存在东西范围的解释。“不是通过提供新信息，而是通过安排我们已经知道的东西，问题才得以解决。”[4]

由于所有概念都受到既定事态的制约，自称贫困的哲学不相信有种种可能的新经验。受已确立事实的支配是全面的——固然，仅仅是语言事实，但是社会是以它自己的语言讲话的，而且要我们服从。禁令是严厉而专断的：“哲学不能干预语言的实际使用。”[5]“我们不可能发展任何理论。在我们的考察中不可以存在任何假设性的东西。我们必须取消一切*解释*，唯有描述必须占有它的位置。”[6]

人们或许要问，哲学还能干些什么？没有假设、没有解释，思维、智力还能干些什么？然而，成问题的并不是哲学的定义或尊严。毋宁说，成问题的倒是有无希望维护和保存用专门术语而不是普通用法中的

---

[1] 维特根斯坦：《哲学研究》，第45页。

[2] 同上书，第44页。

[3] 同上书，第46页。

[4] 同上书，第47页。英译本这里的译文是不确切的；德文本中，“提供新信息”的对应词是提供新经验(Beibringen neuer Erfahrung)。

[5] 同上书，第49页。

[6] 同上书，第47页。

术语来思考和讲话的权力和需要——正因为专门术语是另一些术语，它们才是合理、有效而又有意义的术语。这里涉及一种新意识形态的传播，它通过排除能够理解正在发生的事件(及其意义)的概念来对正在发生的事件(及其意义)进行描述。

日常思维和语言领域同哲学思维和语言领域之间，本来就存在着不可归约的差别。在通常情况下，日常语言确实带有行为性——它是一种实践手段。当某人说出“我的扫帚在角落里”时，他的意思可能是：其他某个问起扫帚的人正准备取走它或留下它，因而将会得到满足或产生愤慨。总之，由于引起了某种行为反应，该句子实现了它的功能：“结果吞没了原因；目的吞没了手段。”[1]

与此相对，在一本哲学书或一段哲学话语中，如果“实体”、“观念”、“人”、“异化”之类的语词，成了命题中的主词，意义就不会转化为行为反应，人们也不会指望发生这种转化。此类语词可以说仍未完成它的作用——除了在思想上它可能导致其他思想之外。在历史延续性的范围内有一系列中间环节，命题可能有助于形成和指导一种实践。但甚至在此时，命题仍未完成它的作用——只有狂妄自大的绝对唯心主义才会断言思想和其对象达到了终极的同一。因此，哲学所涉及的语词用法决不能“跟‘桌子’、‘灯’、‘门’之类语词的用法一样不起眼”。

这样看来，哲学中的精确性和明晰性不能在日常话语范围内达到。哲学概念以事实和意义的一种向度为目的，这种向度说明“外部”对于理解日常话语的根本意义，从而“从外部”来解释日常话语的原子化的词组或语词。或者说，如果日常话语领域本身变成哲学分析的对象，哲学语言就成了“元语言”。[2]即使当它在不起眼的日常话语范围内运动

[1] 保罗·瓦莱里：《诗歌与抽象思维》，参见《作品》(巴黎，加利马尔出版社，1957年)，第1卷，第1331页。又参见《诗歌对语言的权利》，载《艺术》(巴黎，加利马尔出版社，1934年)，第47—48页。

[2] 参见本书第155页。

时，它也仍然是对抗性的。它把意义的已确立的经验背景分解成其现实的背景；它从直接的具体性中进行抽象，是为了达到真正的具体性。

从这种观点出发，上面所述的语言分析例子要作为语言分析的有效对象，便很成问题。对品尝某种可能有也可能没有菠萝滋味的东西加以最精确、最明晰的描述，难道真能促进哲学认识的发展吗？要是它能起一种批判的作用，那么这一批判就会使有争议的人类状况——不是医学或心理学上的品尝试验状况——受到质疑，而这肯定不是奥斯汀进行分析的目的。分析的目标从讲话者讲话和生活的更广大、更严密的背景中后退，从形成概念的普通媒介中转移出来，从而变成了语词。这种人们在其中讲述和行动、这种赋予言语以意义的普遍的、更广大的背景是什么呢？——它没有出现在实证主义的分析中，上述例子和分析本身已先验地将它排除在外了。

这一更大的经验背景，这一真正的经验世界，今天仍然是有死刑、毒气室和集中营、广岛和长崎、美国的凯迪拉克和德国的梅赛德斯、五角大楼和克里姆林宫、核城市和古巴、洗脑和屠杀的世界。现实的经验世界同时也是这样一个世界：在它之中，上述所有事情不是被视为理所当然，就是被忘却、抑制或不为人们所知，在它之中，人民是自由自在的。在这个世界里，角落里的扫帚和像菠萝一样的滋味十分重要，日常生活的艰辛和舒适或许是构成一切经验的惟一内容。这第二个有限的经验世界是第一个世界的一部分；支配第一个世界的力量也塑造了有限的经验。

可以肯定，建立这种关系不是日常思想在日常言语中的任务。如果它是一个寻找扫帚或品尝菠萝的问题，那么抽象就会得到辩护，意义就能得到确定和描述而无需侵入政治领域。但在哲学中，问题并不是寻找扫帚或品尝菠萝——更何况今天的经验哲学本身就建立在抽象经验基础上。即使把语言分析用到政治术语和词组上，这种抽象性也得不到纠正。分析哲学的整整一个分支都在从事这项工作，但其方法已经把政治分析即批判分析的概念拒之门外。操作性或行为性的转译把“自由”、“政府”、“英格兰”之类术语与“扫帚”和“菠萝”同化起来，把前者的现实与后者的现实同化起来。

使用“不起眼用法”的日常语言对批判的哲学思考确实可以具有根本的重要性。但在这种思想媒介中，语词丧失了它们平易的谦恭，并揭示出维特根斯坦所不感兴趣的“深藏”的意义。考虑一下黑格尔的《现象学》中对“此时”、“此刻”的分析吧，或者(宽恕需借用语言!)考虑一下列宁对怎样充分分析桌上“这杯水”的建议吧。他们的分析把日常言语中的“历史”作为隐蔽的意义向度——社会对其语言的支配——揭示出来。这一发现粉碎了既定话语领域首次出现于其中的自然的物化形式。语词不仅在语法和形式逻辑的意义上，而且在物质的意义上，作为真正的界限而出现；作为意义及其发展的界限、亦即社会强加于话语和行为上的界限而出现。“我的扫帚在角落里”或“奶酪在桌上”之类的例子，不再能够解释意义的这种历史向度。可以肯定，它们能够揭示许多歧义、困惑和怪癖之外，但它们又都处于同样的语言游戏和学术胡诌的范围之内。

这种分析由于立足于物化的日常话语领域，由于是在此物化领域之内来揭示和澄清日常话语的，因此它要从否定的、异己的、对立的、不能按照既定用法来理解的事物中进行抽象。它通过对意义进行澄清、归类和分离来清除矛盾、幻想和越轨的思想言语。但越轨并不是“纯粹理性”的越轨，不是超越可能知识界限的形而上学的越轨，毋宁说是在开创一个超越常识和形式逻辑的知识领域。

在阻碍人们通往这一领域的过程中，实证主义哲学为自己建立起一个自足的世界，一个封闭的、对引起动乱的外部因素防守严密的世界。就此而论，不管证实的条件是数学的、逻辑命题的，还是习惯的、惯例的，都没有什么区别。任何谓词的可能意义都是以这样那样的方式被预先判断的。而用于预先判断的判断可以像英语口语、词典或其他某种代码、惯例那样宽泛。一旦被人们所接受，它就会构成一种不可超越的经验推断。

但是，如此偏激地接受经验主义却又违反经验主义。因为在此处发话的是残缺不全的抽象的个人，他所经验到的只是给予他的东西(严格意义上的给予)，他所掌握的只是事实而不是事因，他的行为是单向度的、受操纵的。由于事实上存在着抑制，人们经验到的世界是有限经验的结果，而实证主义对大脑的清洗则使大脑同有限经验相一致。

经验世界就是以这样一种不完整的形式变成肯定性思考的对象。尽管新实证主义注重探讨、揭示、澄清语言的歧义和含混之处，它对已确立的经验领域巨大而普遍的有歧义的含混的对象却不闻不问。而且，它还必须继续如此，因为它所采用的方法贬损或“转译”了引导人们去理解处于压抑性不合理结构中的已确立现实的概念，也即否定性思维的概念。把批判性思维改造成肯定性思维的做法大多产生于对普遍概念的治疗性处理之中；而把普遍概念转译成操作术语和行为术语的做法则是与前述社会学的类似做法同步进行的。

哲学分析的治疗性质十分受人重视——治疗幻觉、骗局、含混、幽灵、鬼怪以及难解之谜、无法回答的问题等症。可谁是患者呢? 显然是某种类型的知识分子，他的心灵和语言同日常话语框架格格不入。此种哲学中确有颇大部分心理分析，但它们并不含有弗洛伊德那种认为患者的病根是分析疗法所无法治愈的普遍病症的基本见解。换言之，按照弗洛伊德的说法，在某种意义上，患者的疾病在于他对他所生活的病态世界进行抗议。但是医生必须漠视“道德”问题。他必须恢复患者的健康，必须使之能够在其世界里正常行动。

哲学家不是医生；他的职责不是去医治单个的个人，而是去了解他们所生活的世界——从它对人类做过什么和能做什么的角度去了解世界。因为，从哲学史看(这一历史至今仍是有效的)，哲学同维特根斯坦的理解是正好相反的。维特根斯坦宣称哲学就是摒弃一切理论，就是一项“让一切依然如故”的事业。在“给哲学带来平静”之外，哲学并不知道更多无益的“发现”，“所以它不再受到那本身的产生就成问题的问题的搅扰”。[1]而且再也没有比布特莱主教点缀G·E·摩尔的《伦理学原理》的题词更无哲学味的东西了：“事物是什么就是什么，不是什么别的”[2]——除非我们把“是”一词理解为对事物真相同其变相间的根本区别的指称。

新实证主义批判的主要任务仍然是反对形而上学观念，它既为形式逻辑的精确性观念所驱使，又为经验描述的精确性观念所驱使。无论精确性是在逻辑和数学分析的纯粹性中达到，还是在对日常语言的顺从中达到——当代哲学的这两极同样都排斥或贬低那些超越流行合法性原则的思想和言语成分。当这种敌对情绪以宽容形式出现时——即是说，当处于意义和意指的分离向度中的超验概念承认某种真理的价值时(如诗的真理、形而上学的真理)——这种敌对情绪便更加强烈。因为，清除容许思想和言语的不精确性、模糊性甚至矛盾性存在的专有地盘，正是保护正常话语领域免受不良思想严重影响的最有效方式。文学所包含的任何真理都是“诗的”真理；批判唯心主义所包含的任何真理都是“形而上的”真理——它的合法性，如果有的话，既不付诸日常话语和行为，也不付诸适应日常话语和行为的哲学。通过否认超验语言同日常语言的相关性，通过宣布采取全面的不干预态度，这一新形式的“双重真理”说支持了一种虚假的意识。其实，超验语言真正的价值正在于它同日常语言的相关性和对日常语言的干预。

在压抑性的思考和生活条件下，思维——任一不限于现状内的实用目的的思考方式——可以认识事实，而且仅仅通过“推敲”事实就对它

[1] 《哲学研究》，第51页。
[2] 参见《伦理学原理》扉页题词，商务印书馆，1983年。——译者

们作出反应。经验是在隐藏某种东西的帘幕前发生的，如果世界就是直接经验幕后的某种东西的显相，那么，用黑格尔的话来说，在幕后的就是我们自己。我们自己并不是通常意义的主体，并不是语言分析中的主体，也不是科学测量的“净化了的”主体，而是人同自然、人同社会作历史斗争的主体和客体。事实就是在这种斗争中所发生的东西。甚至当事实性仍然是蛮荒的、未被征服的自然的事实性时，它也是历史的。

理智地消除甚至推翻既定事实，是哲学的历史任务和哲学的向度。科学方法也远远超出了事实的范围，甚至同直接经验的事实相反。科学方法是在现象同实在的冲突中得以发展的。但是，思想主体与客体之间的中介却截然不同。在科学上，中介是被剥夺了所有其他特性的观察、测量、计算和经验的主体；抽象的主体谋划和限定抽象的客体。

与此相反，哲学思想的客体同一种意识相联系，这一意识使具体特性进入概念及其相互关系之中。哲学概念保存并解释前科学的中介(日常实践、经济组织工作和政治行为)，这种中介造成了实际存在的客观世界——在这个世界上，一切事实都是历史连续性中的事件和事变。

科学同哲学的分离本身就是一个历史事件。亚里士多德的物理学是哲学的一部分，也是对“第一科学”——本体论——的准备。亚里士多德的物质概念同伽利略和后伽利略时代的物质概念的区别，不仅在于它们分属科学方法发展的不同阶段(和对不同“层次”的实在的发现)，更重要的或许还在于它们分属建立不同自然和社会的不同历史谋划、不同历史事业。亚里士多德的物理学变成谬误，客观上是由于有了对自然的新经验和新了解，是由于历史建立了一个新的主客观世界；而亚里士多德物理学的虚假之处反过来又扩展到过时的、已被超越的经验和了解之上。[1]

但无论它们是否会总合为科学，哲学概念都同日常话语领域相对立，因为它们仍然包括在口头语言、公开行为、感觉得到的状况和意向

[1] 参见本书第六章，特别是第 131—132 页。

或流行倾向中所未实现的内容。哲学领域因此仍然含有“幽灵”、“虚构”和“幻想”，而这些东西可能比它们的对立面更加合理，因为它们是识别现行合理性的限度及欺骗性的概念。它们表现了维特根斯坦所拒不接受的经验——即“与我们预先设想的观念相反，思考‘如此这般’的东西是可能的，不管它可能意味着什么”。[1]

忽视或消除这种特殊的哲学向度，已经导致当代实证主义走进一个空谈具体性的全面贫乏的世界，同时也导致当代实证主义所创造的虚假问题比它毁掉的更多。很少有一种哲学表现出比“形而上学和表意语言”研究对三个瞎老鼠的解释这样的分析更具欺骗性的*严肃精神*；因为它讨论“人造的三倍大的基本失明的老鼠是按照纯粹表意原则而构想出的不对称结果”。[2]

或许这个例子是不公平的。然而下述说法则是公平的，即最晦涩的形而上学也没有表现出那样一些矫揉造作和莫名其妙的苦恼，诸如在有关还原、转译、描述、指称、专名等问题上所产生的苦恼。各种例子都可以巧妙地在严肃性和趣味性之间保持平衡：如司各特和《威弗利》的作者之间的区别；秃子和现在的法兰西国王；某约翰在街上遇见或未遇见“普通纳税人”某理查德；我此时此刻看见了一个红点并说“这是红的”；或者如事实所表明的，人们往往把感情描述为战栗、内疚、痛苦、颤动、悲痛、渴望、刺痛、心头发冷、心头发热、沉重、不安、热望、凝固、低落、紧张、苦恼和震惊。[3]

这种经验主义以概念的或感觉的碎片世界、被组织成一种哲学的语词和声音的世界，来取代遭人憎恨的形而上学幽灵及神话、传说和幻想的世界。而且所有这些不仅是合法的，甚至是正确的；因为它表明非操作性观念、愿望、记忆和想像已经是作废的、不合理的、混乱的或无意

[1] 维特根斯坦：《哲学研究》，第47页。

[2] M·迈斯特曼语，载C·A·梅思编：《英国中世纪哲学》(伦敦，艾伦和昂温出版社，1957年)，第323页。

[3] 吉尔伯特·赖尔：《心的概念》，参见上海译文出版社1988年中文版，第83页。

义的。

在清除这种错误的过程中，分析哲学使现实的现存技术组织中的行为概念化，同时它又接受该技术组织的裁决；对旧意识形态的揭露成了新意识形态的组成部分。但是，被揭露的不仅是幻想，而且也是那些幻想中的真理。下述说法反映了这种新意识形态："哲学只是阐明每个人都承认的东西"，我们共有的语词系谱包容了"人们所发现的一切值得描绘的特性"。

那么，这一"共有语词系谱"是什么呢？它是否以一种充足转译的系统包括了柏拉图的"理念"、亚里士多德的"本质"、黑格尔的"精神"、马克思的"物化"呢？它是否包括诗歌语言的重要语词呢？它是否包括超现实主义散文的语词呢？如果包括，那么它是否是在它们的否定涵义——使普通用法领域无效的涵义——上包容它们的呢？如果不是，那么人们所发现的值得描绘的全部特性就都受到了排斥，并被转移进虚构或神话的领域；而残缺不全的虚假意识则被当作决定事情本相的意义及其表现的真实意识。其他的则作为虚构或神话而受到抨击——和承认。

然而，究竟是谁在构筑神话却并不清楚。可以肯定，神话是原始的、不成熟的思想。文明的进程使神话不再有效(这几乎是进步的意义)，但它也可以使合理的思想重归于神话的地位。在后一种情况下，鉴别和说明历史可能性的那些理论可以变成不合理的，或更确切地说，可以显得是不合理的，因为它们同已确立的话语和行为领域相矛盾。

因而，在文明的进程中，有关黄金时代和千年盛世的神话服从于进步的合理性。(历史上)不可能的成分同可能的成分相分离——梦想、虚构同科学、技术、商业相分离。19世纪中，社会主义理论把原来的神话转译成社会学术语——或更确切地说，在既定历史可能性中发现了神话的合理内核。然而，相反的运动也由此而发生。今天，当与实际状况相对照时，昨天合理和现实的观念似乎又成了神话。发达工业社会中工人阶级的现实状况使马克思的"无产阶级"一词成为一个神话概念；当代社会主义的现实状况使马克思主义的理想成为一个梦想。理论和事实之间的矛盾，亦即本质上尚未证明前者为假的矛盾，引起了这种逆转。批判理论非科学的、思辨的特性，导源于其概念的特性；它指明和确定合理性中的不合理因素以及现实中的神秘成分。它们的神话特质反映了既定事实的神秘特质——社会矛盾的虚假和谐。

发达工业社会的技术成就，对精神生产和物质生产的有效操纵，已经在神秘化的地方造成了一种转折。如果指出意识形态在生产过程中逐渐得到具体化是有意义的话，那么，指出在这个社会中最有效的神秘化工具是理性的而不是非理性的，也是有意义的。在当代社会，压制的发展曾经表现于意识形态领域，并首先是表现于非理性的伪哲学(人生哲学；同社会相对的村社观；热血和土地，等等)受到抬举的现象中，这种看法曾遭到法西斯主义和国家社会主义的拒绝。它们对国家机构进行全面技术合理化，从而否认这些情况和其自身非理性的“哲学”。从事这项工作并把其神秘化能力加诸社会的正是物质和精神机器的总动员。它使个人无力去观察机器“背后”那些操纵机器、从中获利的人，以及为之付出代价的人。

今天，神秘化的成分在生产性的广告、宣传和管理中被控制和利用起来。魔法、巫术和崇拜在家庭、商店和办公室的日常惯例中得到了实践，合理的成就掩藏着整体的不合理。譬如，对同归于尽这一令人苦恼的问题的科学探讨——杀伤力和过多杀伤力的数学计算，放射性尘埃扩散或不完全扩散的量度，反常情况下的持久力实验——神秘到这样的程度，它助长(甚至要求)承认这种疯狂行为。因此，它反对真正合理的行为，反对拒不附和疯狂行为并尽力消除其产生条件的行为。

要反对把合理性转化为其反面的新神秘化，就必须确认事物的区别。合理的*不是*不合理的，把对事实的精确认识和分析同含混的情感思辨区分开来的重要性一如既往。麻烦在于：经验社会学和政治科学的统计学、测量法及实地考察都不够合理。它们在多大程度上同造成事实并决定其功能的真正具体的环境相分离，它们就在多大程度上变得神秘起来。这里说的环境并不止于、也不同于调查中的工厂和商店，研究中的村镇和城市，以及进行民意调查或计算其幸存机会的地区和团体。而且，就它创造并决定着受到调查研究、民意测验和精确计算的事实而言，它更加现实。各个特殊主体在其中获得现实意义的这一现实环境，只有在一种社会理论的范围内才是可以定义的。因为事实中的各种因素并不就是观察、测量和询问的直接材料。它们只是在那样一种分析即能够鉴别把社会各个组成部分和过程结合起来并决定其相互关系的结构的分析中才成为材料。

说这一元环境即是社会(第一个字母 S 大写)，就是要使整体优于部分实体化。但这一实体化发生于现实之中，而且就是现实；只有通过认识它，并理解它的范围和原因，才能在分析中克服它。社会的确是向个人实施其独立权力的整体，它不是无法辨认的“幽灵”。在制度的系统内它有它的经验硬核，即人与人之间已确立的凝固关系。从它之中进行的抽象，证明测量、询问和计算都是虚假的——不过它们在如下向度中才是虚假的，此向度并不出现于测量、询问和计算之中，因此不与它们相冲突，更不妨碍它们的进行。它们仍然保存着它们的精确性，同时又正在它们的精确性中神秘化。

在显露超越性术语、模糊观念、形而上学的全称命题以及类似东西的神秘特性的过程中，语言分析把日常语言的术语留给压抑性的已确立话语领域，从而把这些术语神秘化了。从行为上对意义加以阐明恰好是在这一压抑性领域中进行的——这种阐明方式是要驱除笛卡儿哲学那古老的语言“幽灵”和其他旧式神话。语言分析坚持主张，如果某约翰和某理查德谈及他们心中所想到的东西，那么他们不过是在指称某种特殊的知觉、意图或他们碰巧具有的意向而已；心灵是一个由语言来表示的幽灵。同样，意志也不是灵魂的一种真实的官能，而不过是特殊意图、倾向和愿望的一种特殊表现方式。诸如此类的还有“意识”、“自我”

和“自由”——通过指明行动和行为的特殊方法或方式，它们都是可以得到解释的。后面我还将回到对普遍概念的这种处理方式上来。

分析哲学经常散发出委员会进行指责和审查的气氛。知识分子被喊去受训。当你说……的时候你的意思是什么？难道你没隐瞒什么？你讲的是一种可疑的语言。你不像我们中的其他人那样讲话，不像街头上的人那样讲话，而是像不属于这儿的外来人那样讲话。我们必须还你本来面目，揭穿你的诡计，使你得到净化。我们要教你说你心里所想的，说“清楚”、“把牌摊开”。当然，我们不强加于你、不干涉你的思想言论自由；你可以愿意想什么就想什么。但是，一旦你要讲话，你就得同我们交流思想——用我们的语言或你的语言。你当然可以讲你自己的语言，但它必须可以翻译，也将得到翻译。你可以朗诵诗歌——那是正当的。我们热爱诗歌。但我们要懂得你的诗，而且只有当我们能够按照日常语言来解释你的符号、隐喻和形象时，我们才能懂得你的诗。

诗人也许回答说他的确希望他的诗是能够理解并且得到理解的(那就是他作诗的原因)，但如果他所说的可以按照日常语言来说的话，他或许首先就这样做了。他也许要说：理解我的诗要有一个前提，那就是你想将我的诗转换进去的那一话语和行为领域已经崩溃和失效。我的语言像任何其他语言一样可以掌握(事实上，它也是你自己的语言)，因此，我的符号、隐喻等看上去就不是符号和隐喻，而正是它们所说的东西。你的宽容是欺骗性的。在为我保留意义和意思的某一特定地位时，你答应我不受理智和理性的约束，但在我看来，精神病院并不在这里。

诗人还可能感到，十分严谨的语言哲学讲的是一种相当偏颇而又冲动的语言——即老人或年轻人在愤怒时的语言。他们的词汇充满“不恰当的”、“奇怪的”、“荒唐的”、“令人困惑的”、“不可思议的”、“无聊的”、“嘈杂的”东西。不恰当和令人困惑的怪诞之处必须剪除，如果健全的理解要占据主导地位的话。交流不应当超出人们的理解能力；超出常识和科学范围的内容不应当打乱话语的学术领域和日常领域。

但是，批判的分析必须从它极力理解的对象中摆脱出来；哲学用语必须不同于日常用语以便解释后者的全部意义。[1]因为话语的已确立领域彻头彻尾地打上了社会成员所服从的统治、组织和操纵的特定方式的标记。人民为了生存而依赖于使他们如现在那样去讲话的工头、政治家、职业和邻人；社会必然性迫使人们把“物”(包括他们的身体、心灵和感情)同其功能等同起来。我们如何知道呢？因为我们观看电视，听收音机，阅读报刊杂志并与人交谈。

在这些情况下，说出来的话是说它的个人的思想感情的表达，是使个人像他现在那样去说的那些人的思想感情的表达，以及使他们相互联系的紧张关系或矛盾的表现。在讲他们自己的语言时，人们也讲他们的主人、赞助人和广告商的语言。因此，他们不只表达*他们自身*、他们自己的知识、感情和愿望，而且也表达不同于他们自身的某种东西。“当由他们自己”来描述他们家乡和国际上的政治局势时，他们(“他们”包括*我们*，包括知道它并批评它的知识分子)描述的是“他们的”大众交流媒介所告诉给他们的事情——而且这与他们真正所想、所见及所感觉到的东西混在一起。

在相互描绘我们的爱和恨、同情和憎恶时，我们必须使用我们的广告、电影、政治家和畅销书的术语。我们必须使用同样的术语以描述我们的汽车、食物、家具、同事和竞争者——这样我们就好相互理解。事情必须如此，因为语言不是私人的、个人的，或更确切地说，私人的和个人的语言要以现成语言材料即社会材料为媒介。但是，这种情况使日常语言没有资格去履行它在分析哲学中所发挥的那种有效功能。“当人们说……时他们的意思是什么”跟他们没有说的东西有关。或者说，他们所要说的意思不能从表面上看——这不是因为他们撒谎，而是因为他

---

[1] 当代分析哲学以它自己的方式承认这一必然性为*元语言*问题；参见本书第143、155页。

们生活于其中的思想和实践领域是受操纵的矛盾领域。

诸如此类的情况同对如下陈述的分析没有关系："我渴望"，或"他抽鸦片"，或"现在这在我看来是红的"，但它们在人们真正说些什么的时候又变得至关重要("她就是爱他"，"他没有心"，"这是不公平的"，"我能对此做点什么呢?")，它们对于伦理学、政治学等等的语言分析是重要的。简而言之，语言分析能够取得的不是其他经验的精确性，而是既定事态向人们要求的精确性；不是别的明晰性，而是在既定事态中人们被许可得到的明晰性——即是说，它仍旧停留在神秘化的、欺骗性的话语界限之内。

在它似乎已超出这种话语的地方，如在其进行逻辑清洗的过程中，只有基本骨架还属同样的领域——一个比这种分析所反对的幽灵可怕得多的幽灵。如果哲学不只是一种消遣性职业，它就会揭示使话语成为残缺不全的、欺骗性话语的原因。把此项任务留给社会学系或心理学系的同行，就是要使已确定的学术劳动分工成为一种方法论原则。也不能对此项任务置之不理，谦恭地主张语言分析唯有澄清"混乱"思想和言谈的卑微目的。如果这样的澄清活动超出可能语境中可能意义的单纯枚举和分类，从而为任何人根据情况进行选择留下广阔余地的话，它就决不是一项卑微的任务。这种澄清活动包括在真正有争议的地方分析日常语言，在似乎最不混淆的地方去认识混乱的思考，在十分正常和清楚的用法中去找出它的虚妄之处。这样，语言分析就达到这样一个层次：塑造并限制话语领域的特定社会进程变得显而易见和可以理解。

在这里，"元语言"的问题就提了出来；分析某些用语意义的用语，必须不同于或区别于被分析的用语。它们必须不止于和不同于仍旧属于同一(直接)话语领域的单纯同义词。但是如果这种元语言真要打破使不同语言向度合并和同化起来的既定话语领域的极权主义范围，它就必须能够指称限定和"封闭"既定话语领域的社会进程。由此，它不能是一种主要用句法或逻辑明晰性观点建立起来的技术性元语言。迫切需要的倒是使既定语言本身讲出它所掩盖或排斥的东西，因为有待于被揭示和指责的东西在日常话语和行为领域内是操作性的，流行的语言包括元语言。

这一迫切需要在卡尔·克劳斯的著作中已经得到满足。他证明了言谈、写作、标点符号以至排印错误的“内部”检验如何可能揭示一个完整的道德或政治系统。这一检验仍然是在日常话语领域内进行的，它不需要人工的、“更高层次”的语言来判定和澄清受检验的语言。语词和句法形式是在它们所出现的上下文中被阅读的，譬如，是在某一特定城市或国家通过某些人的笔来支持某些特定意见的报纸上被阅读的。因此，词典所编纂的、句法所规定的语词关系通向了另一种向度——不是外来的，而是由语词的意义和功能构成的——第一次世界大战期间和战后维也纳新闻界的向度；就是它的编辑们对待大屠杀、君主制和共和制等问题的态度。按照这种向度，语词用法和句子结构都接受了一种不出现在“直接”阅读中的意义和功能。报纸在风格上所表现出来的语言罪过同它的政治风格有关。句法、语法和词汇都变成了道德的、政治的行为。或者，上下文关系也可以是一种美学和哲学的上下文关系：文学批评，对学术界的演说，或诸如此类的东西。在这里，对一首诗或一篇文章的语言分析，使既定的(直接的)材料(诗或文章各自的语言)同作者在文学传统中所发现和所要改造的东西对立了起来。

为了进行这样一种分析，语词或形式的意义要求在多向度的领域内得到发展，在那里，任何表达出来的意义都带有几个相互关联、相互交叉和对立的“系统”的特征。譬如，它属于：

(a) 一项个人的谋划，即为了特定目的而在特定场合进行的特定交流(一篇报刊文章，一次演讲)；

(b) 一个已确立的超个人的观念、价值体系和个人的谋划所涉及的客观事物；

(c) 一个特殊的社会，它本身使不同的甚至对立的个人谋划同超个人谋划一体化起来。

举例来说：某一演讲、报刊文章甚或个人交流，是由特定的个人进行的，这样的个人是特定社会中(职业的、住宅区的、政治的、思想的)特定团体的(得到承认或未得到承认的)发言人。这个团体有它自己的思想和行为的价值、目标及代码，它们以受到肯定或反对的形式，带着不同程度的认识或明晰性进入个人的交流。因此它们使超个人的意义系统带上了个人色彩，这就构成了同个人交流的向度既相互区别又相互融合的话语向度。这一超个人系统因而成了包罗万象、无所不在的意义领域的一部分，而这一领域又是由交流发生于其中、源出于其中的社会系统来发展和经常地“封闭”的。

意义的社会系统的范围和限度，在不同历史时期随着达到的文化水平的不同而大不相同，但是它的界限规定得很清楚，只要交流不止是指向日常生活那些无争议的器具和关系的话。今天，意义的社会系统统一了不同民族的国家和不同语言的地区。这些意义的大系统势必既与多少已经发达的资本主义社会的势力范围相吻合，又与发展中的共产主义社会的势力范围相吻合。当意义的社会系统的决定作用在有争议的政治话语领域内肯定自身时，它也以一种更为隐蔽的、无意识的、情感的方式，在日常话语领域内进行操作。对意义进行真正的哲学分析必须考虑意义的全部向度，因为语言表达渗有这些向度。因此，哲学中的语言分析具有一种语言之外的义务。如果它取决于合法与非法用法之间、真正的意义和虚幻的意义之间、有意义和无意义之间的区分，它就会产生一种政治的、美学的或道德的判断。

当目的是要通过分析语词在日常话语中的功能和用法来把握语词意义时，这样一种“外部”分析特别不合适(之所以对“外部”打引号，是因为它其实不是外部的，确切地说它是意义的内部发展)，这种观点可能遭到非议。不过，我的意思是，这正是当代哲学中的语言分析所没有做的事情。而它之所以没有这样做，是因为它把日常话语转入了一个专门的学术领域，该领域即使在(而且正是在)充满日常语言时也是被净化了的和综合性的。在对日常语言进行如此分析治疗的过程中，日常语言实际上遭到了清洗和麻醉。多向度语言被转变成单向度语言，在这个过程中，不同的、对立的意义不再相互渗透，而是相互隔离；意义的容易引起争议的历史向度却被迫保持缄默。

维特根斯坦用砖头来做的无休止的语言游戏，或者对话中的某约翰和某狄克，可以再一次作为例证。尽管该例证具有简单明了的特点，讲话者们及其处境仍然是不清不楚的。不管他们多么亲昵地谈话，他们总是 x 和 y。但在实际话语领域内，x 和 y 就是“幽灵”。他们并不存在；他们是分析哲学家的产物。诚然，x 和 y 的谈话是好理解的，语言分析者正当地要求常人进行正常的理解。但在现实中，我们只是通过全部误解和矛盾的领域才得到相互理解的。真实的普通语言领域是为生存而斗争的领域。它的确是一个含混、模糊和晦涩的领域，的确是需要得到澄清的领域。何况，这种澄清很可能起到一种治疗功能，而且，如果哲学要成为治疗性的，它就会真正兴盛起来。

哲学在多大程度上使思想摆脱已确立话语和行为领域对它的束缚并阐明制度的否定性(它的肯定方面现被广为宣传)和谋划各种替代性选择，它就在多大程度上接近于这一目标。诚然，哲学只是在思想中进行反抗和谋划。它是意识形态，这种意识形态特性正是哲学的宿命，是无论科学主义还是实证主义都不可能克服的宿命。而且它的意识形态作用可能真是治疗性的——按照现实的实际面目来显示现实，显示这一现实不准存在的东西。

在极权主义时代，哲学的治疗任务会是一项政治任务，因为已确立的日常语言领域势必结成一个受到全面操纵和灌输的领域。这样，政治出现于哲学之中，并不是作为特定分析戒律或分析对象，也不是作为特定政治哲学，而是作为把握未经剪裁的现实的概念而出现的。如果语言分析无助于这样的理解；如果它反而有助于把思想局限在未经剪裁的日常话语领域内，那么它至少是完全不合逻辑的，甚至是向无争议的、不现实的、只在学术上才有争议的领域的逃避。

进行替代性选择的机会

第八章

哲学的历史承诺

分析哲学对已剪裁过的思想和言语现实所作的承诺鲜明地表现在其对**普遍性**的论述中。这个问题前面作为哲学概念的内在历史特性和超越性、一般性而提到过。在这里需要对它进行更为细致的讨论。它决不只是一个抽象的认识论问题，也不是语言及其用法的伪具体问题；普遍性的地位问题居于哲学思想的中心。因为怎样对待普遍性可以表明一种哲学在思想文化中的立场——及其历史作用。

当代分析哲学一心想驱除诸如心灵、意识、意志、灵魂和自我之类的“神话”或形而上学“幽灵”，其办法是把这些概念的内容融化在关于可以辨认的特定操作、行为、能量、禀性、癖好、技巧等的陈述之中。结果以一种奇怪的方式表明破坏无能为力——幽灵仍在出没。尽管解释或转译可以充分记述一个特定的思维过程，一个想像的行为，如当我说“我”时想像我的意思是什么，当神父说玛丽是个“好姑娘”时想像他的意思是什么；但无论是这些再陈述中的一个还是其总和，似乎都不能把握，甚至界定诸如心灵、意志、自我和美德之类术语的全部意义。它们的普遍性仍然既存在于普通用法中又存在于带“诗意”的用法中，这两种用法都使普遍性同分析哲学家所谓实现其意义的行为或倾向的各种方式区别开来。

诚然，这些普遍性不能通过断言它们所指的是大于和不同于部分的全体而得到证明。它们显然指的是全体，但该“全体”要求对未经剪裁的经验环境进行分析。如果这种超语言的分析受到排斥，如果日常语言被信以为真，即是说，如果人们之间虚假的普遍理解领域被引起误解并受到管理的流行交流领域所取代，那么，遭到指责的普遍性就的确是可以转译的，它们“神话般的”实质可以被融化在行为和倾向的种种方式之中。

然而，如此融化本身就必须受到追问——不仅以哲学家的名义，而且以常人的名义，因为融化就是在常人的生活和话语中发生的。那不是他们自己的所为和所言；而是碰巧发生在他们身上的事情，是对他们的侵害，因为他们是为“环境”所迫而把他们的心灵与思维过程、他们的自我与他们不得不在社会中所起的作用和功能等同起来的。如果哲学不把这些转译和同化过程理解为社会过程，即理解为社会给个人造成的一种心灵(和身体)创伤，那么，尽管哲学希望破除实体的神秘性，它仍然只是在同实体的幽灵作斗争。神秘性并不依附于“心灵”、“自我”、“意识”等概念，相反，是依附于其行为上的转译。转译之所以是欺骗性的，正是因为它把概念忠实地转译成实际的行为、癖好和倾向的种种方式，而这样一来，它便把经过剪裁和整理的现象(它们本身是够真实的!)当成了现实。

然而，甚至在对幽灵的这一战斗中，各种可以制止这场冒牌战争的力量也被动员起来。分析哲学中令人头痛的问题之一是关于“民族”、“国家”、“英国宪法”、“牛津大学”、“英格兰”之类普遍概念的陈述问题。[1]没有什么特殊实体与这些普遍概念相对应，但是，如下说

[1] 参见吉尔伯特·赖尔：《心的概念》，第17—18页和其他各处；J·威斯顿姆：《形而上学和证实》，载《哲学和精神分析》，牛津，1953年；A·G·N·弗卢：《逻辑与语言》(第1辑)导言，牛津，1955年；D·F·皮尔斯：《普遍性》，同上书，第2辑，牛津，1959年；J·O·厄姆森：《哲学分析》，牛津，1956年；罗素：《我的哲学的发展》，纽约，1959年，第223—224页；彼得·拉斯莱特编：《哲学、政治和社会》，牛津，1956年，第22页以下。

法仍可含有完整的意义，甚至是不可避免的："民族"被动员起来，"英格兰"已经宣战，我曾在"牛津大学学习"。对这些陈述进行任何还原性转译似乎都会改变它们的意义。我们可以说，大学并非高踞于其各个学院、图书馆等之上的特殊实体，而是它们的组织方式；我们可以把同样的解释稍加修正后应用于其他陈述。然而，组织、统一和管理这些事物和人的方式，是作为不同于其构成成分的实体而发挥作用的——就民族和宪法而论，甚至可以处理生死问题。执行裁决的那些人(如果可以认作同一的话)并不是作为各个个人、而是作为民族、公司和大学的"代表"来执行裁决的。在会议期间集中起来的美国国会，为决定某项政策而举行会议的中央委员会、党、董事会、理事会、总统、保管委员、教职员工，都是些高踞于作为组成成分的个人之上的有形而有效的实体。在各项记录中，在法律成效中，在它们所支配和生产的核武器中，在它们所设立的种种职位、工资和需求中，它们是有形的。在会议中聚集起来的个人，是具体化在各个组织中的机构、权势和利益的代言人(往往是无意识的)。他们的决定(投票、主张和宣传)本身就是各种机构和利益竞争的结果，这些决定又使民族、政党、公司和大学作为一种凌驾在从属于它的那些特殊机构和人之上的最高的、普遍的实在而不断运转、得到维护和再生产。

这种实在一直表现为一种附加的、独立的存在，因此，关于它的那些陈述含有一种真正的普遍性，它不可能被恰当地转译成关于特殊实体的陈述。但是，要尝试一下如此转译的迫切要求和企图否认它的不可能性的态度，都表明这里存在着某种问题。要很好地得到理解，"民族"或"政党"就应该能转译成它的构成要素和成分。实际情况并不如此，这一事实是妨碍语言分析和逻辑分析的历史事实。

个人需要和社会需要之间的不一致，个人在其中为自己而工作、为自己而说话的代表制的缺乏，导致诸如民族、政党、制度、公司和教堂之类普遍概念的实在性——这种实在不同于任一特殊的、可以辨认的实体(个人、团体或机构)。这些普遍概念表现了物化的不同程度和方式。

尽管它们确实独立存在，但毕竟是虚假的独立，因为那不过是组织社会整体的特殊力量的独立。以消解普遍概念虚假实质为目的的再转译依然是一种迫切的需要——但它是一种政治上的迫切需要。

> 他们相信他们是在为本阶级而死，结果是为党徒而死。他们相信他们是在为祖国而死，结果是为实业家而死。他们相信他们是在为人的自由而死，结果是为利息的自由而死。他们相信他们是在为无产阶级而死，结果是为官僚们而死。他们相信他们是在为国家的神圣使命而死，结果是为支持国家的金钱而死。他们相信他们是在为民族而死，结果是为压制民族言论自由的恶棍而死。他们相信——但为什么他们在如此黑暗之中要相信呢？相信死亡？——当问题是学会怎样生活的时候？[1]

这是一段把实体化的普遍概念坦率地“转译”成具体性的文字，可在它用其真名来进行称呼的同时，它也就承认了普遍概念的实在性。实体化的总体反对通过分析来消解它，这并非由于它是特殊实体和行为后面的虚构实体，而是由于它是它们在既定社会和历史环境中发挥功用的具体的、客观的基础。因此，它是个人在其行为、环境和关系中所能感觉到并加以实施的一种现实力量。人们(以一种很不平等的方式)共同分有它；而它则决定着他们的存在及其种种可能性。这一真正的幽灵具有强有力的实在性——即总体凌驾于个人之上的独立力量。它不单单是一种知觉到的完形(像在心理学中那样)，也不是一种形而上学的绝对(像在黑格尔那里那样)，更不是一个极权主义国家(像在贫乏的政治科学中那样)，它是决定各个个人生活的已确立事态。

可是，即便我们承认这些政治的普遍概念的实在性，难道所有其他

---

[1] 弗朗索瓦·佩鲁：《和平共处》，第3卷，第631页。

那些普遍概念的情况就不会完全不同吗？它们是不同的情况，但是把对它们的分析局限在学院哲学范围内是太容易不过了。下面的讨论并不自称进入了“普遍性问题”，它只是试图阐明被(人为)限制着的哲学分析范围，并指出需要超越这些限制。讨论还将注意区别于数理逻辑普遍概念(集、数、类等)的表示存在的普遍概念，而在这些普遍概念中，我们将注意对哲学思维提出真正挑战的那些更为抽象、更有争议的概念。

表示存在的普遍概念既从具体实体中抽象而来，又指称一种不同的实体。心灵大于和不同于意识的行动和行为。它的实在性可以初步描述为个人对特殊行为加以综合和统一的方式方法。就可以诱导人们说出一个由“先验统觉”作出的综合判断而言，描述特殊过程和行为的统一综合可能先于这些特殊过程和行为，并塑造它们，把它们同“他人的心灵”区别开来。然而，这种表达方式会亵渎康德的概念，因为这种意识的优先性是一种经验上的优先性，它包括特殊社会团体的超个人的经验、观念和愿望。

从这些特点来看，意识可以被称为一种意向、嗜好或官能。它不是个人的某种意向或官能，严格说来，它是一个团体、阶级、社会各个成员不同程度地共有的一般意向。据此而论，真意识和假意识之间的区分是有意义的。前者以概念对经验事实作出综合，尽可能完全和充分地反映实际存在着的既定社会。之所以提出这一“社会学”定义来，不是出于任何有利于社会学的成见，而是因为社会事实上进入了经验材料。结果，在概念形成中，社会的压制相当于对经验的学术限制和对意义的限制。

进而，经验的正常限制在“心灵”与思维过程之间、“意识”与有意识的行为之间造成了一种普遍的紧张甚至矛盾。如果我谈及某人的心灵，我不仅是指在他的表情、言谈和举止中表现出来的那些思维过程，也不仅是指从经验中体验到或推论出的他的意向或官能。我的意思还包括他没有给予表达、没有为之表现出意向但仍然存在的东西，它在相当程度上决定着他的行为、理解及其概念的组织形式和范围。

因此，以“否定形式出现”的是一些特定“环境”的力量，它们预先制约着人的心灵，以使之自发地对某些材料、状况和关系作出反应。它们作为受到排斥的材料而存在。它们没有出现是一个事实——一个解释他的具体思维过程及其言行意义的肯定性因素。意义是对谁而言的呢？不仅是对其任务即纠正遍及日常话语领域中的错误的职业哲学家而言的，也是对尽管没有意识到错误却身受其害的那些人而言的——亦即是对某约翰和某理查德而言的。当代语言分析以贫乏的、受制约的心灵解释概念，从而逃避了此项任务。成问题的倒是那些没有省略和剪裁的重要概念的内容，及其在对现实的不受压制的理解中——在非顺从主义的批判思想中——所起的作用。

上述观点只是针对“心灵”和“意识”等普遍概念的实际内容提出来的吗？——这些普遍概念可以应用于美、正义和幸福等抽象而又实在的普遍概念及其对立面吗？看起来坚持这些作为思想关节点的不可转译的普遍概念，是一个分裂世界的不幸意识的反映，在这个分裂世界中“现存的”东西缺少甚至拒斥“可能存在的”东西。普遍性同特殊性之间不可归约的区别，看来植根于对潜能和现实之间、即一个被经验世界的两种向度之间不可克服的区别的基本经验。普遍性从观念上把握着种种既在现实中实现，又在现实中受到阻碍的可能性。

当我谈到一个漂亮的姑娘、一处美丽的风景、一幅优美的绘画时，浮现在我心头的肯定是很不相同的东西。它们所共通的——“美”——既不是一个神秘的实体，也不是一个神秘的字眼。相反，在美的不同对象中，或许没有什么东西比“美”的现象更能直接地、清楚地经验到。男朋友和哲学家，艺术家和殡仪员可以以很不相同的方式来“确定”它，但他们确定的都是同样的特定状态或状况——某种或某些使美的对象与其他对象形成对照的性质。在这种模糊性和直接性中，美是在美的事物中被体验到的，即是说，被看到、听到、嗅到、触到、感到、领悟到。或许正是由于美有对照的特性，所以它几乎被体验为一种惊愕，这种体验打破了日常经验的范围，(暂时)开启出另一种现实(受惊是其不可或缺的要素)。[1]

上述描述恰好具有实证主义分析希望通过转译加以排除的形而上学特征，但实证主义所进行的转译排除了需要加以定义的东西。美学中存在着一些多少令人满意的美的“技术性”定义。但似乎只有一种维护美的经验内容、因而极少确切性的定义。该定义把美当作一种“幸福的希望”，[2]它使人联想到人和事物的状况，联想到人和事物的关系；这些事物在消失过程中时隐时现，其出现形式也多种多样，就像个人的面目形形色色一样；但在消失过程中它们却显示了可能存在的东西。

反对普遍概念的含混、模糊和形而上学特征，坚持常识和科学观点的为人熟知的具体性和可靠性，是某种原始焦虑的流露；这种焦虑在从宗教到神话，又从神话到逻辑的演化过程中曾指导过哲学思想的有文字可考的起源；防御和安全依然还是智力投资和国家预算的大部分项目。未加清洗的经验似乎比分析哲学同抽象概念和普遍概念更加亲近；它似乎是深深地植根于形而上学世界中的。

普遍性是经验的基本要素，它不是作为哲学概念，而是作为人们天天与之打交道的世界的属性。譬如，我们经验到的是雪、雨或热；一条街道、一间办公室或一个工头；爱或恨。特殊事物(实体)和事件只是在(甚至是作为)一组关系和关系的连续体中才出现的，并且是作为在它们与之不可分离的普遍结构中的事件和成分而出现的；它们要以任何别的方式出现就不可能不丧失它们的特性。它们与大于背景的普遍背景相对才成为特殊事物和事件，这里讲的背景即它们产生、存在和逝去的具体背景。这一背景是由色彩、形状、密度、硬度或软度、亮度或暗度、动

[1] 里尔克：《杜伊诺哀歌》，第一歌。
[2] 司汤达语。

态或静态之类的普遍概念来建构的。在此意义上，普遍概念指的似乎是世界的“质料”：

> 我们未尝不可以给构成世界的“质料”下一个界说，就是：构成世界的质料就是一些字所指的东西，那些字如果用得正确，就是谓语的主语，或关系的项。从这一种意义来说，我认为构成世界的质料是由像“白”那一类的东西而成，而不是由有白的性质的物件而成。……传统上把性质如白、硬、甜等算做普遍，但是如果以上所讲的学说是正确的，这些性质在句子的构造上说是与物体更近一些。[1]

“性质”的实体特征指向实体普遍性的经验根源，指向概念在直接经验中所由产生的方式。洪堡的语言哲学强调概念在同语词的联系中所具有的经验特征；它使得洪堡假定，不仅在概念和语词之间，而且在概念和声音之间有一种渊源关系。然而，如果作为概念工具的语词真是语言的“要素”，它就不会传递现成的概念，也不会含有已经固定和“封闭”起来的概念。语词仅仅是提示一种概念，并把自身同普遍性联系起来。[2]

但在洪堡看来，正是语词同实体的普遍性(概念)的关系使下述情况不可能成立，即把语言的起源想像为发端于用语词来表现对象的意义，然后进到它们组合的句子：

> 在现实中，言语不是从在先的语词中被找出来汇编到一起的，正好相反，语词是从言语的总体中涌现出来的。[3]

---

[1] 伯特兰·罗素：《我的哲学的发展》，参见商务印书馆 1982 年中文版，第 154—155 页。——译者

[2] 威廉·冯·洪堡：《论人类语言结构的差异》，第 197 页。

[3] 同上书，第 74—75 页。

此处出现的“总体”必须从一切按照独立实体、“完形”之类的东西所造成的误解中清除出来。而概念则想方设法地表达潜能和现实之间的差异和紧张及这种差异中的同一。它出现在诸性质(白的、硬的、美的、自由的、正义的)和相应概念(白、硬、美、自由、正义)之间的关系中。抽象性的概念把更具体的性质当作在具体中所经验到的更普遍、更“超卓”性质的部分实现、显露及具体化来表示。

由于有这层关系，具体性质既表示普遍性的否定，又表示普遍性的实现。雪是白的，但不是“白”；某姑娘可能是美的，甚至是一个美的实体，但不是“美”；一个国家可以是自由的(与其他国家比较而言)，因为它的人们拥有某些自由，但它并不是自由的体现。进而言之，概念只是在所经验到的同其对立面的对比之中才是有意义的，如：白与不白，美与不美。否定性陈述有时也可转译成肯定性陈述，如：“黑”或“灰”可以取代“不白”，“丑”可以取代“不美”。

但这些表达并不能够改变抽象概念同其具体实现之间的关系：普遍概念指称个别实体所是或所不是的状态。通过重新表达一个不矛盾命题中的意义，转译可以消除深藏着的否定性，而没被转译的陈述则使人联想到真正的匮乏。抽象名词(美、自由)比起被归诸特殊的人、物或状况的性质来更是如此。实体性的普遍概念意指超越一切特殊经验的那些性质，它们不是作为虚构的想像，也不是作为更合逻辑的可能性，而是作为我们的世界由以构成的“质料”盘桓在我们的大脑中。雪并不完全是白的，任何残忍的野兽或人也不全是人们所了解的残忍——它被认为是历史和想像中几乎不可穷尽的力量。

现在有一大类这样的概念存在，我们敢冒昧地说它们是与哲学有关联的概念；在它们之中，普遍概念和特殊概念之间量的关系有着一种质的外观，抽象的普遍概念指的似乎是具体的、历史意义上的种种潜能。“人”、“自然”、“正义”、“美”或“自由”是可以定义的，它们把经验内容综合成超越其特殊表现的观念，而这些特殊表现本身就是将被超过和克服的某种东西。因此，美的概念包括一切尚未实现的美；自由的概念包括一切尚未达到的自由。

或者让我们再举一例。哲学概念“人”指的是全面发展的人的官能；它们是人所特有的官能，是作为人们实际生活于其中的那些状况的可能性而出现的官能。这个概念把种种被认为是“人所特有的”性质连接起来。模糊的术语可以有助于阐明这些哲学定义中的含混之处，即是说，它们把同其他生物形成对照的属于一切人、同时又被断言为人的最充分或最高度实现的性质汇集在一起。[1]

因此，这些普遍概念是作为按照其潜能来理解事物特殊状况的概念工具而出现的。它们是历史的和超历史的；它们把经验世界由以组成的质料加以概念化，这种概念化从其可能性的观点出发并以其具体限度、禁忌和否定为根据。无论是经验还是判断都不是私人性的。哲学概念是在对历史连续性中一般条件的意识之内形成和发展的，是从特定社会中的个人角度来加以阐发的。思想材料即是历史材料——不管在哲学或科学理论中它会变得多么抽象、概括或纯粹。怀特海在《科学和近代世界》中承认并清楚地阐述了思想这些“永恒对象”既抽象、普遍又有历史性的特征：[2]

> 永恒客体在本质上是抽象的。我所谓的“抽象”指的是永恒客体本身(也就是它的本质)不必涉及任何特殊的经验事态就可以直接

[1] 这种解释着重强调了普遍概念的规范特征，它可以与希腊哲学中的共相概念相联系，即是说，作为“美德”中最高的、第一位的、因而是真正的实在的最一般的观念：“……一般性不是主体而是属性、隐含在最突出性能中的最基本属性。即是说，正是因为它‘像’是最基本的，并且也只是在这种程度上，一般性才是一般的。因此，它不是在逻辑的普遍概念或类概念的形式中，而是在规范的形式中才是一般的；规范只是因其具有普遍的约束力，才能把繁多的部分统一成单一的整体。最重要的是要意识到整体对部分的关系并非是机械的(整体= 部分之和)，而是具有内在的目的性(整体= 截然不同于部分之和)。此外，对于其与生命现象的全部关联而言，认为整体具有无目的功能的内在目的论观点，不是惟一的甚或最原始的‘有机’范畴。相反，它植根于内在的、固有的完好机能，这一机能正是在使其‘优越化’的过程中对杂多进行统一，因为完好和统一是杂多全部现实甚至作为杂多的条件。”哈罗德·A·T·赖希：《普遍的第一因：亚里士多德神学中的前苏格拉底动机》(麻省理工学院，剑桥，1961年)，第105—106页。

[2] 怀特海：《科学和近代世界》，参见商务印书馆1959年中文版，第152—153页。——译者

理解。成为抽象就是超越实际特殊具体事态。但超越实际事态并不等于和它脱离关系。相反地，我认为每一种永恒客体都和这种事态有其固有的联系，这种联系我称为进入事态的样态。……一个永恒客体的形而上学地位就是实际的可能性的地位。每一个实际事态的性质要由这种可能性在该事态中体现出来的方式来确定。

经验要素、实际可能性的设计和预期进入了概念的综合——在作为假说的高雅形式中和在作为“形而上学”的声名狼藉的形式中。它们不同程度地都是不现实的，因为它们超越了行为的已确立领域，它们甚至在匀整性和确切性方面也可能是不合要求的。当然，在哲学分析中，

在把我们的普遍概念扩大来包揽可能实体方面，几乎不能指望有什么真正的进展。[1]

但这也取决于怎样应用奥卡姆剃刀，即是说，取决于减除哪些可能性。建立完全不同的社会生活组织的可能性，同某人明天带着绿帽子出现在门口的“可能性”毫无共同之处。但是，用同样的逻辑来对待它们则有助于毁坏意料外可能性的名誉。在批评可能实体的引入时，蒯因写道：

……人口过剩的宇宙在许多方面都是令人讨厌的。它破坏了我们这些对大漠风光饶有兴趣的人的美感，但这还不是它的最糟糕的方面。(这样一种)什么人都可能有的贫民窟是滋生骚乱因素的土壤。[2]

当代哲学在其目的和功用间的冲突方面很少获得更为真确的表达。

---

[1] W · V · O · 蒯因：《从逻辑的观点看》，第 4 页。(参见上海译文出版社 1987 年中文版。)

[2] 同上。

“美丽”、“美感”和“大漠风光”的全部语言特色在插入法律和秩序中时唤起了尼采思想的解放气息，尽管“滋生骚乱因素的土壤”是属于研究和情报机构的权威所讲的语言。从逻辑的观点看，令人讨厌地、作为骚乱因素出现的东西，很可能包含着属于不同秩序的可爱因素，因而它可以是创立哲学概念的材料的基本部分。无论是最精细的美感，还是最确切的哲学概念，都无法避免历史的影响。引起骚乱的因素进入了最纯粹的思想对象。它们也脱离了社会基础，而它们从中抽象出来的那些内容则指导着这种抽象。

在这里，“历史主义”的幽灵也被提了出来。如果思想从仍在抽象中发生作用的那些历史条件出发，就会存在任何这样的客观基础、我们可据以在思想所谋划的各种可能性之间——即在相互区别、相互冲突的概念超越方式之间——作出区分吗？进而言之，此问题不能只针对不同哲学谋划来讨论。[1]哲学谋划在多大程度上是*意识形态的*，它就在多大程度上是一种历史*谋划*的组成部分——就是说，它就在多大程度上与社会发展的特定阶段和层次相适应；批判的哲学概念则指涉(不管多么间接!)替代这种发展的可能性。

由此，寻求不同哲学谋划之间的评判标准，就导致寻求在不同历史谋划同各种替代选择之间，在理解、改造人与自然的不同的实际方式同可能方式之间进行评判的标准。我将提出几个命题以表明：哲学概念的内在历史特征，决不妨碍客观有效性，而是规定了其客观有效性的基础。

哲学家在陈述自己的意见并为自己考虑时，是从他的特定社会立场出发的，他用以讲述和思考的材料是由他那一社会所传递和利用的材料。但同时，他是在事实和可能性的共同领域中来讲述和思考的。通过经验的各个实施者和谋划者，通过从日常生活事务到科学和哲学各个方面对思考方式加以指导的不同“谋划”，聚集在一起的主体和共同世界

[1] “谋划”(project)的用法参见“导言”。

之间的相互作用依然存在，这就是普遍概念的客观有效性之所在。它之所以是客观的：

(1) 是由于同理解和领悟着的主体相对立的物质(质料)。概念的形成依然受到不能融入主体性的物质结构的制约(即便该结构完全是数理逻辑结构)。用不属于对象的性质和功能来定义对象的概念不可能是有效的(譬如，某人不能够定义为可逐步与另一个人相同一的；人不能够定义为可以永葆青春的)。然而，物质是在一个历史领域之内面对主体的；客观性在一种开放的历史视界之下出现；它是可变的。

(2) 是由于概念在其中得以发展的特定社会结构。这一结构对于各领域中的一切主体都是共同的。因为他们处于同样的自然条件、同样的生产制度、同样的开发社会财富的方式、同样的历史遗产、同样的可能性范围之内。阶级、集团、个人之间的一切差别和冲突都是在这一共同框架之内展开的。

先于一切“主观”解释而出现在个人面前的那些思想和感觉对象，都具有某些基本性质，它们属于实在的以下两个层次：(1) 物质的物理(自然)结构；(2) 物质在集体历史实践中所获得的形式，此种历史实践使之(物质)成为*某一主体的*客体。客观性的这两个层次或方面(物理的和历史的)相互联系、不可分离；决不能从中根本排除历史的方面，以致只有“绝对的”物理层次存在。

举例来说，我一直力图指明，在技术现实中，客观世界(包括主体)被经验为*工具*世界。技术环境预先规定了对象出现的方式。对象作为不受价值约束的要素或关系复合体而先验地出现在科学家面前，并容易在有效的数理逻辑系统内组织起来；从常识角度看，它们则是工作或闲暇、生产或消费材料。因此，对象世界是特定历史谋划的世界，在组织物质的历史谋划之外它决不是易于理解的，而物质的组织则既是理论的事业，同时又是实践的事业。

我之所以反复使用“谋划”一词，是因为在我看来，它十分清楚地强调了历史实践的特殊性质。它产生于对理解、组织、超越现实的其他那些道路之一的决定性选择和捕捉。初始的选择规定着种种可能性在这条道路上所开展的范围，并排斥与之不相容的其他可能性。

现在，我将提出某些判断不同历史谋划真正价值的标准。这些标准必须指涉历史谋划用以实现既定可能性的方式；当然这里所说的可能性不是形式上的可能性，而是涉及人类存在方式的可能性。这样的实现发生于任何历史处境之中。每一已确立社会都是这样一种实现；进而，它势必过早判断种种可能谋划的合理性，并使它们保持在它的框架之内。同时，每一已确立社会也面临一种本质上不同的、可以摧毁现存制度框架的历史实践的现实性或可能性。已确立社会已经把它的真实价值演示为历史谋划。它完成于组织人与人和人与自然的斗争中；它(多少充分地)繁衍和保护人的存在(被断定为贱民、敌侨的人和制度的其他受害者的存在总是除外)。但是，与这种完全实现的谋划相反的其他谋划也产生了出来，其中包括那些将从总体上改变已确立社会的谋划。正是借助这样一种超越性谋划，客观的、历史的真理标准才能恰当地表述为其合理性的标准：

(1) 超越性谋划必须与在已有的物质文化和精神文化水平上开展出来的实际可能性相一致。

(2) 超越性谋划要否证已确立的总体，就必须在三个方面证明自己具有更高的合理性：

(a) 它对文明的生产成就提供保存和改进的前景；

(b) 它以它的结构、基本趋势和关系为准绳来规定已确立的总体；

(c) 在为人的需要和才能的自由发展提供更大机会的制度框架之内，它的实现为生存的和平提供更大机会。

显然，这种合理性观念，尤其最后一个主张，包含有一个价值判断，同时我重申我前面所说的：我相信理性概念源起于这一价值判断，真理概念不能与理性的价值相分离。

“和平”、“人的需要和才能的自由发展”——这些概念可以按照现有的物质、精神资源和潜能及其在减少生存斗争方面的有步骤应用来加以经验地规定。这就是历史合理性的客观基础。

假如历史延续性自身提供了确定不同历史谋划的真理性的客观基础，它还要确定其后承和限度吗？历史的真理性是比较而言的；可能事物的合理性取决于实际事物的合理性，超越性谋划的真理性取决于在实现中的谋划的真理性。亚里士多德的科学是在其成就的基础上被否证的；倘若资本主义被共产主义否证，那也是借助了它自己所取得的成就。连续性通过间断性而得以保存：如果触及已确立体制的结构，量的发展就变为质的变革；当制度的各种潜能在其内部的发展中超出了制度的许可范围，已确立的合理性就变成不合理的了。这样一种从内部进行的反驳属于现实的历史特性，而此特性又把批判内容赋予理解该现实的那些概念。它们承认并预期已确立现实中的不合理事物——它们谋划历史的否定。

这种否定是“决定性”否定吗？即是说，一旦某项历史谋划已变成一个总体，该谋划的内在后继者必然会受到此总体结构的预先决定吗？如果会，“谋划”一语就是虚假的；那种属于历史可能性的东西迟早会成为现实；自由是对必然的认识这一定义也会具有一种它目前所没有的压制性涵义。所有这一切也许都无关紧要。要紧的倒是：这样一种历史决定将(尽管有一切细致的伦理学和心理学)替那些文明还在继续犯的违反人性的罪恶进行开脱，从而使那些罪恶能够顺利得到延续。

为了强调自由对历史必然性的侵入，我提出“决定性选择”一词；这个术语仅仅是“人们创造自己的历史，不过是在一定条件下创造自己的历史”这一命题的浓缩。被决定的是：(1) 在某一历史制度内发展的特殊矛盾，它们显示了潜能与现实之间的冲突；(2) 可用于各个制度的物质和精神资源；(3) 理论的自由和实践的自由同该制度相容的程度。这些条件同样适应于开发和利用有效资源的其他可能性，适应于“谋生”和组织人与自然的斗争的其他可能性。

因此，在既定的境况范围之内，工业化可以在集体或私人的控制下走上不同道路；甚至在私人控制下也可以有不同进步方向和不同目标。选择首先(仅仅首先!)是取得了对生产过程的控制权的那些集团的特权。他们的控制为总体谋划了生活道路，起保证作用的、强制性的必然是他们所拥有的自由的结果。合理废除这种必然，取决于自由——不是任何自由，而是把既定必然当作无法忍受的痛苦和不必然来理解的那些人的自由——的一种新的侵入。

辩证过程作为历史过程牵涉到自觉意识：认识和把握解放的可能性。因此它牵涉自由。自觉意识在多大程度上受到已确立社会紧迫需要和利益的制约，它就在多大程度上是“不自由的”；已确立社会在多大程度上是不合理的，自觉意识就在多大程度上只是在*反对*已确立社会的斗争中向更高的历史合理性自由开放。否定性思维的真理和自由在反对已确立社会的斗争中有它的基础和理由。因此，按照马克思的观点，无产阶级只有作为革命力量才是解放的历史力量；*如果并当*无产阶级已经意识到它自身和造成它那一社会的条件和过程时，资本主义的决定性否定就会发生。这种意识既是否定性实践的必要条件，又是它的一个要素。这里的“如果”对于历史过程具有根本性的意义——它是开敞对既定事实的必然性进行征服的种种可能性的自由要素(和机会!)。舍此，历史就会回复到未被征服的自然的黑暗中。

前面我们已经遇到了自由和解放的“恶性循环”；[1]在此处，它又作为决定性否定的辩证法而重新出现。超越(思想和行动的)已确立条件要以在这些条件*之内*的超越为前提。这种否定的自由——摆脱既定事实的压制力量、意识形态力量的自由——是历史辩证法的先验成分；它是在历史决定性中的选择和决定成分，也是反历史决定性的选择和决定要

[1] 参见本书第 34—35 页。

素。没有什么既定的替代因素自身就是决定性的否定，除非和直到它被有意识地把握以便打碎那些不可忍受的条件的力量，并达到由占主导地位的条件所导致的更合理、更合逻辑的条件。总之，在思想和行动的运动中行使的合理性和逻辑，是将被超越的既定状况的合理性和逻辑。否定在经验基础上进行；它是在已付诸实现的谋划范围之内、又超越该范围的一项历史谋划。它的真理性是在这些基础上被制约的一个机会。

然而，一项历史谋划的真理性并不能在事后通过成功来证明，即是说，不能通过它被社会所接受和实现这一事实来证明。伽利略的科学是正确的，尽管那时它还受到谴责；马克思主义的理论在《共产党宣言》的时代已经是正确的；而法西斯主义即便在国际上达到鼎盛时也仍然是错误的(“正确”和“错误”总是在如上规定的历史合理性的意义上来使用的)。在当代，一切历史谋划都势必在两个对立的总体——资本主义和共产主义——之间分化，结果看来要取决于两组对立的因素：(1) 更大的破坏性力量；(2) 更大的没有破坏性的生产能力。换言之，更高的历史真理将属于那种提供更大和平机会的制度。

第九章

解放的大变动

肯定性思维和它的新实证主义哲学反对合理性的历史内容。合理性的历史内容决非能够或不能够纳入分析的枝节因素或意义；它作为不可或缺的组成因素而进入概念思考，并决定着概念的有效性。已确立社会在多大程度上是不合理的，根据历史合理性来进行的分析就在多大程度上把否定要素——批判、矛盾、超越——引入概念。

否定要素不能与肯定要素相融合。它从整体上、涵义上、有效性上改变着概念。因此，在对作为高踞于个人之上的“独立力量”而运行的资本主义或非资本主义经济进行分析的过程中，只要否定特征(如生产过剩、失业、不安全、浪费和压迫)仅仅作为多少不可避免的副产品、作为传奇式增长和进步的“另一面”而出现，它们就不会得到理解。

诚然，一个极权主义管理体制可以促进资源的有效开发；核军事设施可以通过巨大的购买力而为数百万人提供就业；辛劳和积弊可以是获取财富和履行职责的副产品；领导方面的严重失误和犯罪可以仅仅是生活的途径。人们乐于承认经济和政治上的狂热——他们购买它。但是，有关“另一面”的这类知识是事情凝固状态的重要成分，是阻碍质变的对立面完全一致状态的重要成分，因为它从属于一种毫无希望或完全被预先决定的存在，这种存在在一个不合理即是合理的世界上已准备好了它的归宿。

肯定性思维的宽容是被强制的宽容——不是被任何恐怖机构所强制，而是被技术社会那压倒一切的、不知名的力量和效率所强制。因此，它充斥于一般意识——和批判家的意识——之中。否定要素被肯定要素所吸收，这已在日常经验中得到证明，这种情况混淆了合理现象和不合理现实之间的差异。此处有一些平淡无奇的调和例子：

(1) 我乘坐一辆新型轿车。我感到它的特点是漂亮、光洁、能量大和方便——但随之我又逐步意识到如下事实：在一段相对而言不长的时间里它就会损坏并需要修理；它的漂亮的外观是虚伪的，它的能量是不稳定的，它的大小是笨拙的；而且我也找不到一个停车场。于是我开始把**我的**轿车作为“三大”汽车公司的产品来考虑。该公司决定了我的轿车的外观，使它既美观又虚伪，既有能量又颠簸，既好派用场又已过时。在某种程度上我感到受骗上当。我相信，这车并不太好，而且用不了这么多的钱就可以买到更好的车。但是，另一方[1]也必须生存下去，而工资和税收又是那样的高，还必须补充工人。我们现在的情况已非昔日可比。现象与实在之间的紧张就这样消失殆尽了，二者融合进一种相当愉快的感情之中。

(2) 我在乡下漫步。一切都那样赏心悦目：大自然在这里显得最为美丽。透过山上的树丛远眺，周围没有人烟，没有无线电，没有汽油味；有的只是小鸟、太阳、柔软的草地。然后，乡间小道蜿蜒曲折地消失在公路之中。我又回到了广告牌、服务站、游人旅馆和乡间客栈之间。原来我是到了一个国家公园，并且现在知道这不是实际存在的景色。这是一块“保留地”，即某种像行将灭绝的物种那样受到保护的东西。要不是政府的话，广告牌、热狗摊和游人旅馆早就会侵入这片自然景色。我因此对政府充满感激；我们现在的情

[1] 指卖方。——译者

况已非昔日可比。

(3) 傍晚时分地铁拥挤。我所见到的人们带着疲乏的面容、拖着疲乏的四肢，充满了敌意和愤怒。我觉得随时都可能会有人拔出刀子——果然有这样的事情发生。他们阅读着，或更确切地说，专注于他们的报纸、杂志或书本。可两小时后，同样这些人，在洗去汗臭、打扮停当之后又愉快起来，他们真诚地微笑和忘却(或回想)。但他们中的大部分在家里可能会有某种严肃的聚会或独处。

上述例子可以说明肯定性和否定性的愉快结合——附在经验材料上的客观的模棱两可。它是客观的模棱两可，因为我感觉和思维中的转变是对经验到的事实实际上相互联系的方式的反应。但是，如果这种相互联系得到理解，它就会破坏和谐意识及其虚假的现实主义特征。批判思维力图确定已确立合理性日益明显的不合理特征，力图确定促使这一合理性自身发生转变的那些趋势。这一转变是“其自身的”，因为作为历史的总体，它发展了这样一些力量和潜能，这些力量和潜能本身变成了超越已确立总体的那些谋划。它们是发展中的技术合理性的可能性，因此它们涉及整个社会。技术转变同时就是政治转变，但政治变化只是到了将改变技术进步方向即发展一种新技术时，才会转化为社会的质的变化。因为已确立的技术已经变成破坏性政治的工具。

如果技术是为平息生存斗争而设计和利用的，这样的质变就会是向文明的更高阶段过渡。为了指出这个句子令人不安的涵义，我提出：技术进步的这种新方向将是既定方向的突变，即不仅是流行(科学和技术)合理性的量的渐进，而且更确切地说是流行合理性的突变，是理论理性和实践理性新观念的突现。

怀特海把新理性观念表述为如下命题：“理性的功能在于增进生活的艺术。”[1] 从这一目的看，理性是“进攻环境的指导”，而这是出

[1] A · N · 怀特海：《理性的功能》(波士顿，灯塔出版社，1959年)，第5页。

于如下三重迫切要求："(1) 要生活；(2) 要生活得好；(3) 要生活得更好。" [1]

怀特海的命题既描述了理性的具体发展，又描述了它的失败。或更确切地说，这些命题表明，理性仍然有待于发现、认识和实现，因为迄今为止，理性的历史功能还一直是压抑甚至破坏要生活、要生活得好和要生活得更好的迫切要求——或者推延这些迫切要求的实现，并使之付出极高昂的代价。

在怀特海关于理性功能的定义中，"艺术"一词含有决定性否定的要素。理性在其社会应用中，早就同艺术相对立；与此同时，艺术则被授予十分不合理的特权——不属于科学、技术和操作理性的特权。统治的合理性不是使科学理性和艺术理性分离开来，就是把艺术结合进统治领域从而否证艺术理性。这是一种分离，因为开初，科学曾包含审美理性、自由游戏甚至想像的讽刺剧和对转化的幻想；科学曾经沉迷于各种可能性的合理化。然而，这种自由游戏保留了对居于主导地位的不自由状况的信念，它本身就是从中诞生、从中抽象出来的；科学玩弄过的那些可能性也是解放——一种更高的真理——的可能性。

科学、艺术与哲学之间存在着原始的联系(在统治和匮乏的领域内)。它是对现实的和可能的、表面的和真确的真理之间的差异的意识；是试图理解和掌握这种差异的尝试。这种差异所由表现的基本形式之一，曾是神和人、有限和无限、变和不变的区别。[2] 现实与可能之间这种神话般的相互联系曾残存在科学之中，然后又被继续导向更加合理和真实的现实。在与柏拉图的形而上学理念相同的意义上，数学曾被认为是现实的和"善"的。那么，当前者仍然是形而上学时，后者是怎样发展成科学的呢?

最明显的答案是，那时的科学很大程度上已开始参与对自然的征服

[1] 《理性的功能》，第 8 页。
[2] 参见本书第五章。

和改造，并在其中证明它们的真理性，而哲学抽象却没有、也没能这样做。由于对自然的征服和改造发生在一种生活法则和秩序的范围之内，而哲学却超越了这种生活法则和秩序，把它置于另一种具有不同法则和秩序的“好生活”之下。这另一种秩序，预先假定了一种摆脱苦役、无知和贫穷的更高程度的自由，它在哲学思想的起源和整个发展过程中都是不现实的；而科学思想则继续被应用于日益强大和普遍的现实。终极的哲学概念的确还是形而上学的；它们没有、也不可能在既定话语和行为领域内得到证明。

但假如情况果真如此，形而上学问题，尤其是形而上学命题的意义和真理性问题，就是一个历史问题。即是说，历史的而不是纯认识论的条件决定着形而上学命题的真理性及其认识价值。跟一切自称为真理的命题一样，它们必须是可证实的；它们必须保持在可能经验领域之内。可能经验领域的大小绝不等同于已确立的范围，它还延伸到了用已确立世界所提供或抑制的手段改变已确立世界从而创造的那一世界的界限。在此意义上，可证实性的范围是在历史进程中得到增长的。因此，关于美好生活、美好社会和永久和平的沉思获得了其现实性不断增加的内容；在技术进步基础上，形而上的东西势必会变为形而下的东西。

此外，如果形而上学命题的真理性受到其历史内容的制约(受到它们确定历史可能性的程度的制约)，那么，形而上学和科学间的关系严格说来就是历史的。在我们自己的文化中，至少圣西门的历史三阶段的规律还被视为当然无疑的东西；它规定文明的形而上学阶段先于科学阶段。但科学阶段是终极阶段吗？或者，世界的科学转变包含着它自身的形而上学超越吗？

在工业文明的发达阶段，已转化成政治力量的科学合理性，在历史替代性选择的发展中似乎是决定性的因素。由此便产生了一个问题：这种力量会造成它自己的否定——即是说，会带来“生活艺术”的发展吗？在已确立社会的范围内，随着一切社会必要劳动而不是个别强制性劳动的机械化(在这里“社会必要劳动”包括一切能更有效地由机器来实施的工作，即便这些工作生产的是奢侈品和废品而不是必需品)，科学合理性的继续应用将会到达一个终点。工业文明的这一阶段，还将是科学合理性的终点和限度(就其已确立的结构和方向而言)。进一步的发展将意味着*裂变*，即量变向质变的转化。它将展现一种本质上新的人类现实的可能性——即以实现了的根本需要为基础的处于自由时间中的存在。在此条件下，科学谋划本身将对超功利的目的、对远非统治必需品和奢侈品的“生活艺术”开放。换言之，技术现实的成就不仅将是*超越*技术现实的先决条件，而且将是*超越*技术现实的理论基础。

这也将意味着科学和形而上学传统关系的颠倒。以非精确科学或行为科学来规定现实的这些观念，将丧失它们作为科学改造世界的结果的形而上学特征或情感特征；科学概念可以设计和规定一种自由地、和平地存在的可能现实。详细阐明这些概念将不止是意味着流行科学概念的革命。它将牵涉到整个科学合理性，因此，它远不会囿于一个不自由的存在，而将意味着新的科学观念和理性观念。

虽然技术性谋划的成就包括同流行合理性的破裂，这一破裂反过来又取决于技术基础自身的存在。因为正是这一基础使需要的满足和辛劳的减轻成为可能——它也是人类自由各种形式的基础。质变就在于重建这种基础，即是说，就在于向不同目标发展。

我已经强调指出，这并不意味着“价值”、精神或其他东西的复活，而不过是对人与自然的科学技术改造的补充。[1]相反，科学和技术的历史成就已经使*价值准则转化为技术任务*成为可能，亦即使价值的物化成为可能。由此可见，成问题的是用*技术术语*把价值准则重新定义为技术过程中的要素。作为技术目的的新目的将在谋划和机器的建构中、而不只是在其应用中发生作用。进而，新的目的甚至在科学假设的建构中、在纯科学理论中也可以坚持有一席之地。从第二性质的定量化出

[1] 参见本书第一章。特别是第15—16页。

发，科学将达到价值的定量化。

譬如，可计算的是劳动的最小量；有了这个最小量，社会一切成员的基本生存需要都可以得到满足——假定在不受其他利益限制、不妨碍各社会所必需的资本积累的条件下，现有的资源能用于这一目的的话。换言之，可定量的是摆脱匮乏的有效范围，或者说，可计算的是在同一条件下可以为年老病弱者提供治疗的程度——即是说，可定量的是减少焦虑的可能程度，是摆脱恐惧的可能程度。

阻挠物化的那些障碍是可予确定的政治障碍。工业文明已经达到了如此地步：就为了生存的人的愿望而言，从终极因得来的科学抽象在科学自身的范围内已逐渐过时。而为终极因成为科学专门领地提供可能的正是科学自身。

> 通过扩大和扩展技术范围，社会必须把有限性作为一个技术问题来处理，但它却被错误地当作伦理的、有时是宗教的问题处理。技术的不完备造成了一种对有限性问题的拜物教，并使视目标为绝对的人成为目标的奴隶。[1]

在这方面，“中立的”科学方法和技术，变成正被其自身成就所超越的某一历史阶段的科学和技术——它已经达到了它自身的决定性否定。关于解放的以前的形而上学观念可以变成科学的专门目标，而不是与科学和科学方法分离开来、被交托给主观偏好和不合理的、超验的力量去裁决。这种发展使科学面临逐渐政治化的不愉快任务——即把科学意识视为政治意识，把科学事业视为政治事业的不愉快任务。因为把价值准则变成需要，把终极因变成技术可能性，是征服社会和自然中的尚未被驾驭的压迫力量的一个新阶段。它是一个解放的行动：

[1] 吉尔伯特·西蒙顿：《论技术对象的存在方式》，第 151 页(我用楷体表示强调。——作者)。

> 人通过学会创造有限性、学会组织他所评判和估价的“终极”总体，而从他的属于一切事物极限的处境中解放他自身。人通过有意识地利用极限而克服受奴役状态。[1]

但是，在有步骤地将自己规定为政治事业的过程中，科学和技术将超过它们曾因其中立而从属于政治的那个阶段，并反对它们作为政治工具的专门功用。因为，对终极因的技术再规定和技术控制，是摆脱了妨碍满足人的需要并发展人的才能的特殊利益之后对(物质和精神)资源的建设、开发和利用。换言之，它是人作为人的合理事业，是人类的合理事业。因此，技术可以对理性和自由的不成熟状况提供历史的矫正，据此，人在以压迫为基础的自我持续的生产能力的进步中，可以成为自由的并保留自由。就技术在此基础上获得的发展程度而言，矫正决非技术进步本身的结果。它牵涉到政治的变革。

工业社会拥有种种把形而上的东西改变为形而下的东西、把内在的东西改变为外在的东西、把思维的冒险改变为技术的冒险的手段。“灵魂工程师”、“精神科医师”、“科学管理”、“消费科学”等可怕用语(和现实)，(以一种可悲的形式)集中体现了进步中的不合理事物的合理化，“精神”的合理化——理想主义文化的否定。但是技术合理性的消费在把意识形态转变为现实的同时，也将超越这种文化的唯物主义对立面。因为把价值准则转化为需要是一个双重的过程：(1) 物质的满足(自由的物化)；(2) 在满足基础上需要的自由发展(非压抑的升华)。在此过程中，物质和精神能力同物质和精神需要之间的关系经历着一个根本变化。思想和想像的自由游戏，在实现人和自然和平生存的过程中起着一种合理的指导作用。由此，正义、自由和人性的观念，在它们有可能拥有真理和良心的惟一基础上获得了真理和良心——人的物质需要的满

[1] 吉尔伯特·西蒙顿：《论技术对象的存在方式》，第 103 页。

足，必然领域的合理组织。

“和平生存”这一用语相当拙劣地表达了如下意图：即以一种指导思想概括遭到禁忌和嘲笑的技术后果以及科学事业背后的受压抑的终极因。如果这一终极因要物化并变得有效，技术的逻各斯就将开放出一个根本不同的人与人、人与自然的关系领域。

在这一点上，必须提出一个强烈警告，即提防一切技术拜物教的警告。技术拜物教近来主要表现在马克思主义对当代工业社会的批评中，即主要表现在技术人、“技术爱洛斯”等在未来具有万能作用的想法中。这些想法中的真理硬核要求着重指责它们所表现的神秘之处。技术作为工具的领域，既可以加快人的衰弱，又可以增长人的力量。在现阶段，人们对他自己的机械装置或许比以前更加软弱无力。

神秘化并不能通过把技术的万能作用从特定集团那里转移给一个新国家或中央计划而得到消除。技术自始至终都不依赖于技术的目的。摆脱剥削特征后的技术合理性愈是对社会生产起决定作用，它就将愈是依赖于政治方向——依赖于集体的努力以争取和平生存并实现自由的个人为自己设立的目标。

“生存的和平”不是暗示力量的积累，而是其反面。和平与强力，自由与强力，爱洛斯与强力可能是格格不入的！我现在将力图表明：为了和平的目的而重建社会的物质基础，既可导致强力在质上的削弱，又可导致强力在量上的减小，从而在自我决定的动机下为生产力的发展创造空间和时间。如此改变强力的想法在辩证理论中是一个重要宗旨。

和平目的在多大程度上决定技术的逻辑，它就在多大程度上改变技术同其主要对象即自然的关系。和平以控制自然为前提，自然是而且将继续是同发展中的主体相对的客体。不过存在两种控制：压迫的控制和解放的控制。后者导致不幸、暴力和残酷行为的减少。在自然和历史中，为生存而斗争是匮乏、痛苦和贫困的标志。匮乏、痛苦和贫困是蒙昧物体的属性，是生命被动地接受其存在的直接性领域的属性。在改造自然的历史进程中，直接性领域逐步受到调节；于是它成了人类世界的一部分，与此同时，自然属性也成了历史属性。在文明的进程中，当人们根据自由来理解和掌握同野蛮势力的斗争时，自然就不再是单纯的自然了。[1]

历史是自然的否定。理性的力量克服和重新创造了单纯自然的东西。自然在历史中自我发展的形而上学观念表明了未征服的理性限度。它宣称那是历史的限度——一项有待完成的、或更确切地说有待着手的历史任务。如果自然本质上是合理合法的科学对象，那么它就不仅作为强力成为理性的合法对象，而且作为自由成为理性的合法对象。随着肉体的人的出现——他能够根据思维能力和物质潜力来改造自然，局部合理的单纯自然的东西就呈现出否定的状态。它成了一个理性对之加以理解和组织的领域。

理性在多大程度上成功地使物质服从于合理的标准和目的，一切局部合理的存在就在多大程度上显出贫困和匮乏的面貌，而减少贫困和匮乏则随之成为历史任务。痛苦、暴力和破坏，是自然和人类现实的类型，是孑然无靠和冷酷无情的宇宙的类型。认为自然的局部合理的生命注定会永远是这样一种领域的可怕观念，既非哲学观念，也非科学观念；另一个权威人士曾指出：

> 当禁止残害动物协会求助于教皇时，教皇拒绝给予支持，理由是：人类对较低级的动物并不负有义务，虐待动物是无罪的。因为动物没有灵魂。[2]

---

[1] 黑格尔的自由概念自始至终以意识(用他的术语来说是自我意识)为前提。结果，自然的“实现”不是、也不可能是自然本身的事情。但既然自然本质上是否定性的(即它自己的存在中的不足)，人对自然的历史改造作为这种否定性的克服就是对自然的解放。或者，用黑格尔的话来说，自然本质上是非自然——“精神”。

[2] 引自伯特兰·罗素：《不受欢迎的小品集》(纽约，西蒙和舒斯特出版公司，1950年)，第76页。

没有被这种对灵魂的唯心主义滥用所玷污的唯物主义，有一个更普遍、更现实主义的拯救概念。它只在一个确定的地方承认地狱的现实性，即地球上的此处；并断言这个地狱是由人(和自然)创造的。这个地狱的一部分就是对动物的虐待——一个其合理性仍然不合理的人类社会的行为。

一切欢乐和幸福都导源于超越自然的能力——在超越之中对自然的控制本身服从于生存的解放与和平。一切安宁和一切欢乐都是有意识调节的结果，都是自主性和矛盾发生作用的结果。对自然的事物的颂扬是保护一个不自然社会、反对解放的意识形态的一部分。对控制生育的毁谤就是一个鲜明的例证。在世界某些落后地区，黑人低于白人、印第安人最为低贱是“自然的”，事情就该这样。大鱼吃小鱼也是自然的尽管对于小鱼而言并不那么自然。凭借理性的认知能力和改造能力，文明创造了种种使自然摆脱它自己的兽性、不足和蒙昧的手段。理性只有作为后技术合理性才能实现这一功能，这时，技术本身就是和平的手段和“生活艺术”的原则。所以，理性的功能与艺术的功能会聚在一起。

希腊的艺术和技术具有姻亲关系的观念，可以作为一个初步的例证。艺术家拥有一些作为终极因而指导他进行艺术构造的观念，就像工程师拥有一些作为终极因而指导他设计机器的观念一样。比方说，为人提供一个居所的观念决定了建筑师关于一幢房屋的设计；大量出售核炸弹的观念决定了服务于这一目的的那些机械装置的设计。强调艺术和技术的本质关系，意在强调艺术的特殊合理性。

像技术一样，艺术创造了既同现存思想和实践领域相抵触、又在其范围之内的另一思想和实践领域。但是，同技术领域相对照，艺术领域是幻想、肖像(*Schein*)的领域。不过，这种肖像只是形似于作为已确立现实的威胁和希望的现实。[1]在各种掩饰和缄默的形式中，艺术领域由无恐惧的生活形象所组织——之所以说是在掩饰和缄默之中，是因为艺

[1] 参见本书第三章。

术无力实现这种生活，甚至无力充分描绘这种生活。然而，艺术无力的、虚幻的真实性(当它今天已成为被管理社会的一个万能要素时，它比以往任何时候都更加无力和虚幻)仍然证明它那些形象的有效性。社会的不合理性愈明显，艺术领域的合理性就愈大。

技术文明在艺术和技术之间建立了一种特殊的关系。上面我曾提出倒转“文明三阶段规律”并在对世界的科学和技术改造基础上“重新确认”形而上学的观念。现在，同是这个概念，可以推广到科学技术同艺术的关系。艺术的合理性及其“谋划”存在并确定尚未实现的可能性的能力，可以因而设想为由世界的科学技术改造来给予证明，并在那之中发挥作用。这样，艺术将不再是已确立机构的婢女，不再是美化其事业和不幸的技巧，相反，它将成为摧毁那一事业和不幸的技巧。

艺术的技术合理性似乎具有美学的“还原”特征：

> 艺术能够还原外部现象为维护自身所需要的那些设施——还原到外部观象在其中成为精神和自由的显现的地步。[1]

在黑格尔看来，艺术把某一对象(或诸对象的总体)存在于其中的当下的偶然事件，还原为对象在其中呈现出自由的形式和性质的一种状态。这种改造之所以是还原，是因为偶然环境承受着那些外在的、阻碍其自由实现的需求。这些需求构成一种“设施”，因为它们并不单纯是自然的，相反，它们从属于自由的、合理的变化和发展。可见，艺术的改造破坏了自然对象，而被破坏的自然对象本身就是压迫人的；因此，艺术的改造即是解放。

---

[1] 黑格尔：《美学讲演录》，载《黑格尔全集》，格罗克纳编(弗罗曼出版社，1929年)，第12卷，第217—218页。又参见奥斯马斯顿译的黑格尔著作《艺术哲学》(伦敦，贝尔父子公司，1920年)，第1卷，第214页。

如果艺术还原成功地把控制与解放联结起来、成功地指导着对解放的控制，那么在此时，艺术还原就表现在自然的技术改造之中。在此情况下，征服自然就是减少自然的蒙昧、野蛮及肥沃程度——也暗指减少人对自然的暴行。土壤的耕作本质上不同于土壤的破坏，自然资源的提取本质上不同于浪费性的开发，开辟森林空地本质上不同于大规模砍伐森林。贫瘠、病害和癌症的增加，既是自然的疾病，又是人类的疾病——它们的减少和根除即是解放。在它的花园、公园和禁猎区内，文明已经实现了这“另一种”解放的改造。但在这些微小的保护区外，文明一直像对待人那样对待自然——即把它当作破坏性生产力的工具。

在和平的技术中，美学范畴将参与到这种地步，即从自由发挥才能的观点出发来建造生产机器。但与一切“技术爱洛斯”和类似错误看法相反，“劳动并不能成为游戏……”，马克思的说法严格排除了一切有关“废除劳动”的浪漫主义解释。这种千年盛世说，在先进的工业文明中就像在中世纪一样，是意识形态的，而且或许比之更甚。因为人对自然的斗争日益成为对社会的斗争，而社会凌驾于个人之上的力量又比先前更加“合理”，因而也更加必要。但是，在必然王国仍旧存在的同时，怀着有本质不同的目的来对之加以组织，将不仅是方式的改变，而且也是社会所必需的生产程度的改变。这种改变转过来又将影响生产者及其需要：

> 自由时间把它的拥有者改造成一种不同的主体，而作为不同的主体，他进入了直接生产的过程。[1]

我已反复强调过人的需要的历史性。在超出动物的水准上，一个自由而合理的社会中的生活必需品，也不同于一个不合理不自由的社会中

---

[1] 马克思：《政治经济学批判大纲》，第 559 页。(这里据马尔库塞的英译文译。——译者)

的生活必需品，不同于为了该社会而生产的生活必需品。在这里，又是“还原”概念可以说明它们的差别。

在当代，匮乏的征服仍然局限于少数发达工业社会地区。这些地区的繁荣掩盖了在它们的边界内外存在着的“地狱”；它们的繁荣还扩散着一种压抑性的生产力和“虚假需要”。其压抑性程度，恰恰是这种繁荣促进各种需要得到满足的程度，满足这些需要要求进行达到同等生活水平、赶上新旧更替进度的竞赛，享受不用大脑的自由，用破坏性手段并为了破坏性手段而工作。由压抑性生产力所生产的种种显而易见的舒适品，尤其是它给予有利可图的统治制度的支持，促进了它在较不发达的地区的输入；就技术和人而言，把这样一种系统引入那些地区仍然意味着巨大的进步。

然而，技术上知道如何同政治操纵上知道如何之间、能够获利的生产力同统治之间的封闭关系，把遏制解放的武器用于匮乏的征服。在完成了遏制解放的那些过度发达的国家中，匮乏的征服很大程度上表现为商品、服务设施、工作及再创造的绝对数量。结果，质变似乎要以发达生活水平，即*过度发达的还原*中的一种量变为前提。

如果和平是目的的话，最发达的工业地区所达到的生活水平就并不是合适的发展模型。从这一生活水平造成的人和自然的情况来看，我们必须提出为了保卫它而造成的破坏和牺牲是否值得的问题。但既然“富裕社会”成了一个为防止毁灭危险而持久动员的社会，既然该社会的商品销售伴随着白痴的产生、辛劳的永久化和挫折的增多，人们对这个问题就不再能漠然处之。

在这种情况下，从富裕社会中解放出来，并不意味着又回复到健康和强壮的贫穷状况中去，并不意味着又回复到道德纯洁和单纯愚钝的状况中去。相反，根除有利可图的浪费，将增加可供分配的社会财富；持久动员的结果，将减少克制个人自身去寻求满足的社会需要——那些在个人满足方面所作的克制现在在对适应、实力和规律的狂热崇拜中找到了它们的补偿。

今天，在昌盛的战争国家和福利国家中，一种和平生存所具有的人性特征看来是无社会性、无爱国心的——那些人性特征如：对一切坚固性、共处性和兽性的拒斥；对多数人的暴政的反抗；对恐惧和软弱的供认不讳(这是对该社会最合理的反应!)；被正在犯下的罪孽所损害的敏锐智慧；以及对微弱的、遭人嘲笑的抗议行为和拒绝行为的信念。人性的这些表现，也将由于必要的妥协而遭到损害——被掩盖他们自己、能够欺骗欺骗者、并把欺骗者排除在生活和思考范围之外的需要所损害。在极权主义社会中，人的态度势必变成遁世主义态度，势必遵奉塞缪尔·贝克特的劝告："不要等到别人来追捕你的时候才去躲藏……"

即便把个人的思维和物质能量这样地从社会需要的活动和态度中撤出来，那也只是对少数人才有可能；它只是必须先于和平而进行的能量改向的一个不重要方面。在个人领域外，自我决定以没有耗费在强制进行的物质和精神劳动中的自由的有效能量为前提。它必须在如下意义上也是自由的能量：它没有纳入商品和服务设施的管理中，那些商品和服务设施一方面满足着个人的需要，另一方面又使个人不能实现他自己的存在，不能把握被他的满足所抵制的那些可能性。在一个为了进行和反对核打击的社会中，舒适的生活、昌盛的商业和职业的保障，可以作为盲目满足的一个通例。从以支持破坏性繁荣为条件的行为中解放能量，意味着减少高水准的奴役状态，以便个人能够去发展那可以使和平生存成为可能的合理性。

适应于和平生存的新生活标准还以未来人口的减少为前提。可以理解，甚至有道理的是：工业文明使数百万人丧生于战争之中、把那些得不到充分照顾和保障的人天天献出生命视为正常的事情；但是，如果问题是在一个既适宜于为国家利益而有计划地毁灭生命、又适宜于为私人利益而无计划地剥夺生命的社会里避免产生更多生命的问题的话，工业文明又会发现它在道德和宗教上所产生的不安。道德上的不安是可以理解的，也是有道理的；因为，那样一个社会需要越来越多的顾客和支持者，而不断再生的过剩能力也必须加以控制。

然而，有利可图的大规模生产的需求，并不必然与人类的需求相一致。问题不仅是(或基本不是)填饱增长着的人口的肚子并关心他们——这首先是一个量的问题，一个单纯的数量问题。斯特凡·格奥尔格半个世纪前所发表的控诉“单单你们的数量就已是罪恶”不只是针对诗的破格而讲的。

罪恶是社会的罪恶，在该社会中不断增多的人口加剧了生存斗争，抵制使之缓和的可能性。为更多的“生存空间”而进行的争夺，不仅在国际侵略中，而且也在国家范围内发生作用。在这里，生存空间的扩张已经以各种合作、共同生活和娱乐的形式侵入私人的内部空间，实际上排除了离群索居的可能性；而在离群索居的状态中，独自返回到他自身的个人可以进行思考、寻求和发现。在满足了根本需要的基础上，孤独状态可以使思想自由和思想独立具有意义；这种私人性早已变成了最昂贵的商品，它只有(并不使用它的)那些非常富有的人才能得到。在这方面，“文化”又展示了它的封建根源和局限。只有通过废止大民主，它才可能是民主的，就是说，如果社会通过把私人的天赋权利赋予一切人并为每一个人而保护它、从而成功地恢复私人的天赋权利的话，它才能够成为民主的。

在自由巩固着压迫的地方承认自由，与排斥自由，甚至排斥自由的可能性是一致的。人们被容许在仍处于和平和宁静的地方破坏和平、干丑事和丑化事物、泄露亲密关系及冒犯良好行为的程度是令人毛骨悚然的。它们之所以令人毛骨悚然，是因为它们表现了那种合法的，甚至有组织的努力，即人们根据自己的权利排斥他人的权利，甚至在微小的、专有的生存范围内压制自主权。在过度发达的国家里，人口中越来越大的部分成为一个巨大的因受控制而无力行动的观众——不是被极权主义政体控制，而是被某些公民的自由所控制，这些人娱乐和高升的媒介强迫他人分享他们的声音、他们的见解、他们的趣味。

一个不能保护个人在室内的私人性的社会，能够自命它尊重个人吗？能够自命它是自由的社会吗？诚然，一个自由社会是根据远比私人自主性更重要的成就来确定的；但是，缺少私人自主性却使甚至最引人注目的经济和政治的自由制度黯然失色——由于从根本上否定了自由。大规模的社会化从家庭开始，阻止了意识和良心的发展。达到自主性要求以受压抑的经验向度重新恢复为条件；它们的解放要求以抑制在这个社会中组织生活的不自主的需求和满足为条件。需要和满足愈是变成个人自己的需要和满足，对它们的压抑就愈显得几乎是致命的剥夺。但正是借助这种致命的特点，它可以为质变、即*需要的物化*创造基本的主观条件。

举一个(可惜是幻想的)例子：如果没有一切广告、没有一切灌输性的新闻媒介和娱乐媒介，就将使人陷入创伤性的空虚之中；在那里，他会有机会去惊奇、去思考、去了解他自己(毋宁说他自己的否定)及他的社会。失去他那些虚假的父亲、领导、朋友和代表之后，他就一定会重新学习他的 ABC。但是，他将构成的那些语词和句子可能大不一样，他的愿望、担忧也会大不一样。

诚然，这样一种情况将是一个难以忍受的噩梦。但在人民能够拥护继续制造核武器、放射性尘埃和有问题的食粮的现在，他们无法(正因为此!)忍受失去娱乐和教育，这种娱乐和教育使他们可以不断为他们的国防或毁灭做好准备。因此，失去功用的电视及类似宣传工具或许会取得资本主义的内在矛盾所不能取得的成果——系统的瓦解。压抑性需要的创造早已成为社会必要劳动的一部分——它是必要的，因为，没有它，生产的已确立方式便不可能维持。现在，成问题的并不是心理学问题，也不是美学问题，而是统治的物质基础。

第十章

结　　论

发达的单向度社会改变着合理性与不合理性之间的关系。与这一社会合理性奇异而又疯狂的面貌相对照，不合理性的领域成为真正合理性的归宿——成为可以“促进生活艺术”的那些观念的归宿。如果已确立的社会控制着所有的正常的传播工具，并根据社会需求来使之有效或失效，那么与这些需求相反的价值除了不正常的幻想的传播工具，也许就不会有其他传播工具了。审美的向度还依然保留着一种表达自由，这种自由使作家和艺术家能够用他自己的称谓来称呼人和物——能够命名他人所不能命名的东西。

我们时代的真实面貌被表现在塞缪尔·贝克特的小说中；我们时代的真实历史被写进罗尔夫·霍赫胡特的剧本《代理者》中。在一种对任何事情(不包括反对现实的精神)都进行辩护和开脱的现实中，这里说话的不再是想像，而是理性。想像正在让位给现实，现实正在追赶和压倒想像。奥斯威辛集中营的阴影还在徘徊，这不是人的记忆而是人的成就——太空飞行；人造卫星和导弹；“快餐部下面迷宫似的地下室”；漂亮的电子工厂，清洁、卫生、铺设着花坛；实际上对人无害的毒气；我们都参与其中的秘密。这就是人类科学、医疗和技术的伟大成就产生于其中的场景；挽救和改善生活的种种努力在这种灾难中是惟一的希望。对各种奇异的可能性的任意戏耍，不按自然而按良心行事的能力，用人和物进行试验以及把幻想变为现实、把虚构变成真理的能力，证明了想像成为进步工具的程度。如同已确立社会中的其他东西一样，想像也被有系统地滥用着。想像力规定了政治步调和政治风格，它对语词的操纵远远超过了《艾丽丝漫游奇境记》，因为它能把有意义变成无意义，把无意义变成有意义。

在技术和政治的基础上，先前对立的领域——魔术与科学、生与死、欢乐与痛苦——结合在一起。当高度保密的核工厂和实验室在令人愉快的环境中成为“工业公园”时，美显示出它的恐怖；民防司令部展出一种墙上挂满柔软的壁毯、设有沙发式的人躺椅、备有电视、画有涂抹画的“豪华放射性掩蔽体”；这种掩蔽体“是作为和平期间的家用房间与战争爆发时的家用放射性掩蔽体的组合物而设计的”。[1] 如果这些成就的恐怖性没有被人意识到，如果它们很容易被视为理所当然，那是因为(1) 这些成就按照现存秩序是完全合理的；(2) 这些成就是超乎想像的传统界限的人类机巧和力量的标志。

美学和现实的这种丑恶的结合，是对以“诗意的”想像去对抗科学的理性和经验的理性的那些哲学所作的反驳。技术的进步是与想像的逐步合理化甚至现实化相伴随的。恐怖与欢乐，战争与和平的传统模型丧失了它们灾难性的特征。它们在个人日常生活中的显现不再是非理性力量的显现——它们在现代体现为技术统治的种种要素，并且是技术统治的附属物。

在想像的罗曼蒂克空间正在减少，甚至消失的情况下，社会已经迫使想像在这样一种新的基础上去证明自身，在此基础上想像被转变成历史的种种能力和设计。这种转变是很不好的、受到歪曲的，正如经历这

[1] 根据 1960 年 11 月 11 日《纽约时报》，这种掩蔽体是在位于列克星敦大道第 55 街的纽约民防指挥部展出的。

一转变的社会一模一样。由于与物质生产和物质需要的领域相分离，想像成了在必然性的领域内无效的纯粹的游戏，它只为一种怪诞的逻辑和幻想的真理所承认。当技术的进步取消了这种分离，它就给想像带上了其自身的逻辑和真理；同时也就降低了心灵的自由才能。但是它也减小了想像与理性之间的差距。在共同的基础上这两种对立的能力变得相互依赖起来。按照先进的工业文明的种种能力，有关想像的游戏难道不都在玩弄技术的可能性吗？而这种可能性就其实现的机会而言是能够得到检验的。一种“想像的科学”的罗曼蒂克观点似乎呈现了一种愈来愈经验的面貌。

想像具有科学的、理性的特征，这一点很久以来就在数学中、在物理科学的假设与实验中得到了承认。同样，它在心理分析中也得到了承认，心理分析在理论上的依据是把非理性的东西当作特殊的合理性加以接受；得到理解的想像在更改名称之后变成为一种治疗的力量。但是这种治疗力量可能远比在神经病的治疗中发挥的作用更大。概括说明了这一前景的人并不是一位诗人而恰恰是一位科学家：

> 一种对事情的完整的心理分析能够有助于我们医治我们的想像，或至少有助于我们限制我们对自己所持有的想像。人们因此可以希望**能够表现想像的快乐**，给它以良好的意愿，允许它充分地拥有一切表达手段，拥有在**自然的梦境**和正常的做梦活动中浮现出来的一切有形的形象。所谓表现想像的快乐、允许它拥有全部的自由联想，正是意味着把想像看作一种真正功能即心理冲动和心理力量的功能。[1]

想像并不能避开物化的过程。我们被我们的想像缠住而不能自拔，

---

[1] 引自加斯东·巴歇拉尔：《合理的唯物主义》(巴黎，大学出版社，1953 年)，第 18 页。

受着我们自己的想像的折磨。心理分析很了解这一点，并了解这一点的结果。然而，“给想像以一切表达手段”却是一种退化。受到残害的个人(他们的想像也受到了残害)会组织起来进行破坏，会超出允许的范围。这样的放松将是十足的恐怖——不是文化的灾难，而是它最压抑的趋势的自由扩张。因此，合理的东西是这样的一种想像，它能够成为朝着和平的生存，即无恐惧地生活的方向重新建立和重新确定生产机构的先天条件。这种想像决不会属于那些为统治和死亡的想像缠住了身的人。

要使想像得到解放，以便使它能够获得全部表达手段，其先决条件是压抑许多现在自由的东西以及许多使一个压抑性社会永恒化的东西。而且，这样一种颠倒并不是一个心理问题或伦理问题，而是一个政治问题；政治这个术语在本书中始终是在实践的意义上加以使用的，因为只有在实践中，全社会性的基本体制才能得到发展、得到规定、得到保持以及得到改变。这是众多个人的实践，而不管他们是怎样组织起来的。因此，人们又必须再次面对这个问题：被管理的个人如何能够不仅从他们的主人那里而且从他们自身那里解放自身？因为被管理的个人已经把他们受到的残害内化到他们自己的自由和满足之中，因而又在一个扩大了的范围内再生产着它。如何能打破(哪怕是设想一下)这种恶性循环呢?

自相矛盾的是，在回答这一问题的尝试中引起最大困难的似乎并不是新的全社会性体制的概念。已确立的社会自身正改变着或已改变了基本的体制，这是朝着增加计划性方向改变的。由于发展和利用全部可用资源以普遍满足根本需要是和平的先决条件，因此它与妨碍这一目标实现的特殊利益的流行是不相容的。质的变化取决于为整体而反对这些特殊利益所进行的谋划；一个自由而合理的社会只有以此为基础才能产生。

因此，能够在其中看到和平希望的体制，蔑视把行政管理机关分为专制的和民主的、集中的和自由的那种传统的分类。今天，在自由民主(它在现实中遭到了否定)的名义下反对中央计划，对压抑性的利益来说，充当了一种意识形态的支柱。达到由个人作出真正自我决定这样的目标，取决于对必需品的生产和分配进行有效的社会控制(按照物质文化和精神文化所达到的水平)。

在这里，技术的合理性，撇开其开发的特征不论，在计划和开发可用资源方面，仍然是独一无二的标准和指针。在必需商品和必需服务设施的生产与分配方面进行自我决定，是很不经济的。这种工作是一个技术性的工作，并且作为一个真正的技术工作，它有助于减轻体力劳动和脑力劳动的辛苦程度。在这个领域内，如果集中控制为有意义的自我决定建立了先决条件，那么它就是合理的。自我决定因此能在其自身的范围内变成有效的——在对经济上的剩余产品进行生产和分配的决定方面以及在个体的生存方面。

在任何情况下，集中的权力和直接民主的结合按照发展的程度都有着无尽的变化。自我决定的真实程度，决定于大众分解成为众多个人的程度：他们摆脱一切宣传、教义和操纵，并有能力知道和理解各种事实，有能力评价各种替代性选择。换言之，社会合理和自由的程度，决定于它被一种本质上新的历史主体所组织、支持和再生产的程度。

在发达工业社会发展的现阶段，物质的和文化的制度都否认这种迫切需要。这种制度运用它的权力和效能，通过把心灵与事实、思想与被要求的行为、愿望与实在同化起来的办法，阻碍新的主体的出现。同时它也反对这样一种观念，即用“来自下层的控制”去取代现在盛行的对生产过程的控制意味着质变的到来。这一观念过去有效、现在仍然有效，只要劳动者过去是、现在仍然是已确立社会的活生生的否定和控诉。然而，只要这些阶级成为已确立的生活方式的支柱，他们上升为控制的力量就会在不同的背景下延长这种生活方式。

可是，下述事实却为当代社会的批判理论及其必然发展提供了根据：社会整体日益增长的不合理性；生产率的浪费和限制；对侵略扩张的需要；经常的战争威胁；剥削的加剧；人性的丧失。所有这些都指向这样一种历史的替代性选择：有计划地利用资源并花费最小量的劳动以满足根本的需要；把闲暇时间变为自由时间；并使生存斗争和平化。

但是这些事实和历史替代性选择像一些没有联结在一起的碎片；或像一个缄默的对象世界，没有主体，没有在新的方向上改变客体的实践。辩证理论没有被拒斥，但它不能提供药方。它不能是肯定性的。可以肯定，辩证的概念在理解既定事实方面，超越了这些既定事实。这正是其真理性的标志。它规定了诸种历史的可能性，甚至必然性；但这些可能性和必然性只有在与辩证理论相呼应的实践中才能实现，而现在实践尚未作出这种呼应。

在理论和经验的基础上，辩证概念宣称它自身是无望的。人的现实就是它的历史，在这个历史中，矛盾并不单独爆发。以现代化的、有效益的统治为一方，以它为自我决定与和平所达到的成就为一方，两者之间的冲突，可能无可否认地变得甚嚣尘上，但这一冲突可以继续是受控制的甚至是有生产率的，因为随着技术对自然的征服的增长，人对人的征服也得到了增长。而这一征服减少了作为解放的必要条件的自由。这只是在一个受控制的世界中思想所能有的自由的意义上的思想自由：作为对受控制世界的压抑性生产率的自觉，作为对打破这个整体的绝对需要。但正是这一绝对需要，即使在其能够成为一种历史实践的动力和质变的有效原因的地方，也并未得到流行。没有这种物质力量，甚至最深刻的意识也还是没有力量的。

无论整体的不合理性表现得多么明显，也无论变革的必然性由此表现得多么充分，认识必然性对于掌握诸种可能的替代选择来说，从来是不够的。与既定生活制度无所不在的效力相对照，其历史的替代选择总显得是一种乌托邦似的东西。而且，对必然性的认识，对邪恶状态的意识，甚至在科学成就和生产力水平消除了各种替代选择的乌托邦特征的阶段上也是不够的，在这个阶段，已确立的现实而不是它的对立面成了乌托邦的东西。

这是不是意味着社会批判理论放弃了这一领域并把它交给了一种经验的社会学呢？这种经验的社会学除了方法论的指导外避开任何理论的指导，它为一种谬误即不恰当的具体性所支配，因而虽在起着意识形态的作用却又宣称排除价值判断。或者，辩证概念把它自己的处境理解为它所分析的社会的处境，从而再次证明了它的真理性吗？如果人们正是在批判理论最大的弱点——没有能力在已确立的社会范围之内表明解放的趋势——上来对它进行考虑，就能找到答案。

社会批判理论在其起源时期，曾经面对过在已确立的社会中出现的实际力量(客观的和主观的)，那已确立的社会通过废除已成为进步障碍的现存体制而向着(或被引导到向着)更合理、更自由的体制迈进。这些体制是批判理论得以建立的经验根据；批判理论从这些经验根据引出了具有内*在*可能性的解放的观念——在其他情况下就会被阻碍和歪曲的物质和精神的生产率的发展、才能及需要的发展。没有这样的力量作证，社会批判虽也是有根据且合理的，但却没有能力将其合理性转化为历史实践。结论是什么？“具有内在可能性的解放”不再是历史的替代选择的充分表达。

发达工业社会诸种被束缚的可能性是：生产力在更大规模上的发展，扩大对自然的征服，进一步满足日益增多的人们的需要，并创造新的需要和才能。但是，这些可能性通过消除其解放潜能的种种手段和制度，正在逐渐得到实现，而且这一进程不仅影响其手段也影响其结果。生产效率和进步的工具，在其被组织成为一个极权主义的系统之后，就不仅决定着其实际的效用，而且决定着其可能的效用。

在其最发达阶段，统治的作用即管理，在大众消费过度发达的地区，被管理的生活就成为全体人的好生活，为了保卫这种生活，对立面联合了起来。这就是纯粹的统治形式。反之，它的否定则表现为纯粹的否定形式。全部内容似乎归结为一个结束统治的抽象要求——惟一真正革命的迫切要求，和使工业文明的成就有效的结局。面对已确立的制度的有效拒斥，这种否定表现在“绝对拒绝”这一软弱无力的政治形式中——这种拒绝愈是荒唐，已确立的制度就愈是发展其生产力、减轻生活的负担。用莫里斯·布朗肖的话说：

> 我们所拒绝的东西不是没有价值或没有重要性的。正是因为这一点，拒绝是必要的。有一种我们不再接受的理性，有一种使我们感到恐怖的智慧的现象，有一种我们将不再加以注意的对一致和调和的呼吁。裂缝已经出现。我们已被迫具有一种不再宽容同谋的直率性。[1]

但是，如果拒绝的抽象特征是全部物化的结果，那么拒绝的实际根据就必定仍然存在，因为物化是一个错觉。同样，以技术合理性为媒介的各对立面的一体化，*在其全部现实性*上，也必定是一种幻想中的一体化，它既没有消除日益增长的生产率和对其压抑性使用之间的矛盾，也没有消除解决这一矛盾的根本需要。

解决这一矛盾的斗争已失去了传统的形式。单向度社会的极权主义倾向使抗议的传统方式方法失去了作用——甚至变得危险，因为它们维持着对公众的主权的幻想。这一幻想包含着某种真相：“人民”，即先前的社会变革酵素，已经“上升”成为社会团结的酵素。成为发达工业社会特征的新的分层，正是在这一方面，而不是在财富的再分配和各阶级的平等化方面。

然而，在保守的公众基础下面的是生活在底层的流浪汉和局外人，不同种族、不同肤色的被剥削者和被迫害者，失业者和不能就业者。他们生存在民主进程之外；他们的生活就是对结束无法容忍的生活条件和体制的最直接、最现实的要求。因此，即使他们的意识不是革命性的，

[1] 参见莫里斯·布朗肖：《拒绝》，载《7月14日》第2期，巴黎，1958年10月。

他们的反对也是革命性的。他们的反对是从外部打击现存制度因而没有被该制度引向歧路；它是一种破坏游戏规则并在这样做时揭露该游戏是受操纵的游戏的根本力量。当他们为了争取最基本的公民权聚集起来走上街头的时候，没有武器、没有保护，他们知道他们面对着警犬、石头和炸弹、监狱、集中营甚至死亡。他们的力量是每一次为法律和秩序的受害者举行政治示威的后盾。他们开始拒绝玩游戏这一点，可能标志着一个时期终结的开端。

没有什么东西表明，这将是一个好的结局。已确立的社会的经济和技术能力大得足以考虑调解和迁就失败者，而其武装力量也训练和装备得足以照顾各种紧急情况。然而，幽灵在发达社会的边缘地带内外再次出现。一种方便的历史对比，野蛮人威胁文明帝国，预先就判明了结局；野蛮的第二个时期可以正好是继起的文明帝国本身。然而，进行替代性选择的机会却是在这一时期历史的两个极端再次相遇：人类最先进的意识和它的最深受剥削的力量。这不过是一种机会而已。社会批判理论并不拥有能在现在与未来之间架设桥梁的概念；它不作许诺，不指示成功，它仍然是否定的。它要仍然忠诚于那些不抱希望，已经并还在献身于大拒绝的人们。

在法西斯时代之初，瓦尔特·本杰明曾写道：

> 只是因为有了那些不抱希望的人，希望才赐予了我们。

译　后　记

马尔库塞是法兰克福学派最为知名的激进哲人。1898 年生于柏林一个犹太人家庭。1917—1919 年曾参加过德国社会民主党。卢森堡被害后，因不满该党的背叛行为而退党。脱离政治运动后，先后就学于柏林大学和弗赖堡大学，接受过胡塞尔和海德格尔的指导。1923 年获博士学位。1929 年他撰写的申请讲课资格的论文：《黑格尔的本体论与历史理论的基础》，因与导师海德格尔的政见相左而未能获得通过。1930 年经胡塞尔请法兰克福大学董事 K · 里茨勒介绍，进入法兰克福大学社会研究所。1934 年，由于纳粹的反犹主义日益猖獗，马尔库塞流亡到美国，并转移到哥伦比亚大学的法兰克福社会研究所工作。战争期间曾任华盛顿战略服务局研究员。1950 年任美国国务院情报研究处东欧科代理科长。1954 年在哈佛的俄国研究中心和哥伦比亚大学俄国研究所工作。1954 年去勃兰第斯大学任教，直至 1967 年才转至加利福尼亚大学。1979 年应马克斯-普朗克研究所之邀赴西德讲学，是年 7 月 29 日在施塔恩堡与世长辞。

马尔库塞的主要著述有：《理性与革命》（1941 年）、《现代技术的一些社会涵义》（1941 年）、《爱欲与文明》[1]（1955 年）、《苏联马克思主义》(1958年)、《单向度的人》(1964年)、《文化和社会》(1965年)、《革命伦理学》(1966年)、《否定》(1968年)、《论解放》(1969年)、《从富裕社会中解放出来》(1969年)、《从路德到波普尔》(1972年)、《反革命与造反》(1972年)、《审美的向度》(1977年)。

《单向度的人》是马尔库塞最负盛名的一部力作。这部著作的中心论题是：当代工业社会是一个新型的极权主义社会，因为它成功地压制了这个社会中的反对派和反对意见，压制了人们内心中的否定性、批判性和超越性的向度，从而使这个社会成了单向度的社会，使生活于其中的人成了单向度的人。

“向度”(dimension)一词又可译作“方面”和“维度”，这里把它译作“向度”，主要是想传达原文中的价值取向和评判尺度的意思。

“单向度”这个术语今天已成为最脍炙人口的概念之一。单向度的人，即是丧失否定、批判和超越的能力的人。这样的人不仅不再有能力去追求，甚至也不再有能力去想像与现实生活不同的另一种生活。这正是发达工业社会极权主义特征的集中表现。

在马尔库塞看来，极权主义的共同特征主要不是表现为是否施行恐怖与暴力，而是表现为是否允许对立派别、对立意见、对立向度的存在。当然，这里的“对立”是在质的意义上说的。

马尔库塞说当代工业社会是一个极权主义社会，那是因为，从政治领域看，它成功地实现了政治对立面的一体化，因而消除了危害社会继续存在的政治派别。今天，不仅先前作为政治反对派而存在的社会民主党、共产党放弃了暴力夺取政权的主张，而且一度是社会革命力量的无产阶级，也随着机械化对劳动量和劳动强度的减低，随着蓝领工人白领化、随着非生产性工人的增加，而逐步丧失了其否定性和革命性，并与往日的敌手联合起来。

---

[1] 《爱欲与文明》已由上海译文出版社于2005年翻译出版，收入“二十世纪西方哲学译丛”。

其次，从生活领域看，发达工业社会还使人的生活方式同化起来。工人和老板享受同样的电视节目，漫游同样的风景胜地，打字员同她雇主的女儿打扮得一样漂亮，连黑人也有了高级轿车。由于生活方式的同化，由于大家都“分享制度的好处”，以往那种在自由和平等名义下提出抗议的生活基础也就不复存在了。

再次，从文化领域看，高层文化也与现实同一起来。高层文化本来与现实相疏远、相脱离，而这种疏远化的特征正是高层文化能够保存与现实不同的另一向度的关键所在。今天，高层文化与现实的“间距”已被克服，“文化中心变成了商业中心，或市政中心、政府中心的适当场所”。早期资本主义文学中那些反叛角色现在已被征服，当代文学中那些歹徒、明星、荡妇、民族英雄、垮掉的一代、实业界巨头，都不再想像另一种生活方式，而只是想像同一生活方式的不同类型或畸形。理想本是超越现实的东西，不再想像另一种生活方式就不再有理想，或者说理想已被现实所超越、同一。这样，表达理想的高层文化便不再能够提供与现实根本不同的抉择，不再具有同现实有根本区别的另一向度。

最后，从思想领域看，实证主义、分析哲学的流行也标志着单向度思考方式、单向度哲学的胜利。实证主义、分析哲学本身就是单向度的思考方式、单向度的哲学，因为它把语言的意义同经验事实和具体的操作等同起来，并把既定事实无批判地接受下来，从而把多向度的语言清洗成单向度的语言。同时，实证主义、分析哲学还宣称要对语言中的“形而上学”幽灵进行治疗，并反对哲学家去干预日常语言的使用。但是，既定的事实并不一定是应该接受的事实，形而上学幽灵可能比其对立面更加合理，而我们的日常语言在一个单向度的社会里也是早已受到操纵和灌输的语言。最重要的是，推翻既定现实“是哲学的任务”。如果我们不能干涉日常语言的使用，如果我们不能超越日常语言环境去探讨造成这一环境的社会，而社会又只讲自己的语言，那么我们就只能顺从社会现状，再不能做其他事。因此，分析哲学的治疗任务乃是“一项政治任务”，它对语言的清洗实际上是对大脑的清洗。它的胜利表明了“肯定性思维方式”的胜利。

总之，发达工业社会是一个单向度的社会，是一个极权主义社会。不过，它是一个新型的极权主义社会。因为，造成它的极权主义性质主要的不是恐怖与暴力，而是技术的进步。技术的进步使发达工业社会对人的控制可以通过电视、电台、电影、收音机等传播媒介而无孔不入地侵入人们的闲暇时间，从而占领人们的私人空间；技术的进步使发达工业社会可以在富裕的生活水平上，让人们满足于眼前的物质需要而付出不再追求自由、不再想像另一种生活方式的代价；技术的进步还使发达工业社会握有杀伤力更大的武器：火箭、轰炸机、原子弹、氢弹……简言之，由于技术进步的作用，发达工业社会虽是一个不自由的社会，但毕竟是一个舒舒服服的不自由社会；虽是一个更有效地控制着人的极权主义社会，但毕竟是一个使人安然自得的极权主义社会。这就是它的新颖之处。

在马尔库塞看来，要从这一社会中解放出来，前景是十分黯淡的。由于人们批判的、否定的、超越性的和创造性的内心向度的丧失，人们似乎根本不会再提出或想到要提出什么抗议。最有希望提出抗议的，是青年学生、持不同政见的知识分子、无业游民、其他种族的受迫害者、失业者等等。他们最少受到这一社会一体化趋势的影响，也最少分享制度的好处，因而可能还存有一定的批判性、否定性的向度。所以，马尔库塞最后引用本杰明的一句话来作全书的结束语：只是因为有了那些不抱希望的人，希望才赐予了我们。

马尔库塞在《单向度的人》一书中的上述观点，是法兰克福学派文化批判、意识形态批判一贯思想的体现和发展。[1] 由于用文化批判、意识形态批判而不是用政治经济学批判，他没有真正揭示造成当代资本主

[1] 参见拙作《法兰克福学派对文化的批判》，载《哲学研究》，1986 年第 5 期。——译者

义弊病的根本原因。因此他最后得出无产阶级革命性已经蜕化以及解放前景十分黯淡的悲观结论。《单向度的人》一书出版后不久，欧洲爆发的1968年“五月风暴”由于得到了法国近千万工人的支持，强烈地震撼了发达资本主义世界，也迫使马尔库塞在其后来的《论解放》、《反革命与造反》等著作中部分地修正了自己的看法。此外，马尔库塞在本书中批判当代西方工业社会的弊端的同时，也有个别地方对马克思主义的个别命题发表了“离经叛道”之论，这是西方马克思主义的普遍倾向，相信读者会明辨是非，批判地加以分析和思考的。

本书的导言和第十章由郑杭生老师对照原文，仔细地进行过校阅。书中的法文、德文、希腊文和拉丁文，分别得到了陈宣良、冯俊、余纪元、李秋林几位朋友的帮助。在翻译过程中，还接受了陈维纲和罗佳同志的一些意见。在此谨致诚挚的谢意。

刘　继

图书在版编目(CIP)数据

单向度的人：发达工业社会意识形态研究/(美)马尔库塞(Marcuse，H.)著；刘继译. —上海：上海译文出版社,2008. 4 (2024.12 重印)

(世纪人文系列丛书)

书名原文：One Dimensional Man

ISBN 978-7-5327-4510-4

Ⅰ.单… Ⅱ.①马… ②刘… Ⅲ.①法兰克福学派-哲学理论-研究② 发达国家-社会意识形态-研究 Ⅳ. B089.1

中国版本图书馆 CIP 数据核字(2008)第 025772 号

图字：09-2006-214 号

本书如有质量问题，请与承印厂质量科联系 T:0512-68180628

责任编辑 高文英

装帧设计 胡 枫

单向度的人

——发达工业社会意识形态研究

[美] 赫伯特·马尔库塞 著

刘 继 译

出版发行 上海译文出版社有限公司出版、发行

网 址 www.yiwen.com.cn

地 址 201101 上海市闵行区号景路 159 弄 B 座

印 刷 常熟市文化印刷有限公司

开 本 635×965mm 1/16

印 张 14.25

插 页 2

字 数 156 000

版 次 2008 年 4 月第 1 版

印 次 2024 年 12 月第 29 次印刷

ISBN 978-7-5327-4510-4/B·289

定 价 45.00 元

Herbert Marcuse
ONE DIMENSIONAL MAN
Studies in the Ideology of
Advanced Industrial Society
Routledge & Kegan Paul Ltd. ,1968
根据伦敦劳特利奇—基根·保罗有限公司 1968 年版译出